云南财经大学前沿研究丛书

云南少数民族历史档案数字化建设

The Construction of Digitized Yunnan Minority History Archives

赵德美 / 著

社会科学文献出版社
SOCIAL SCIENCES ACADEMIC PRESS (CHINA)

摘 要

档案信息资源是记录人类活动的重要信息资源,为了有效地开发利用档案信息资源,大多数国家都借助信息技术和信息设备进行档案信息数字化建设,但从整体上来说,档案信息数字化建设进程相对缓慢,尤其是中国档案信息数字化建设尚处于酝酿和探索阶段。目前专门论及少数民族历史档案数字化建设的著作微乎其微。本书在深入探讨云南少数民族历史档案数字化建设的可行性、研究现状、面临问题的基础上,探索云南少数民族历史档案数字化建设的实现策略,为云南少数民族历史档案数字化建设从前期的建设规划、具体的业务建设过程到绩效评估体系建设等方面提供了理论参考。

本书除绪论、结语以外共分六大部分,主要包括以下内容。

1. 云南少数民族历史档案数字化建设概述

从云南少数民族历史档案的形成、概念、种类方面进一步界定云南少数民族历史档案数字化建设的含义、内容。

2. 云南少数民族历史档案数字化建设的必要性与可行性

信息技术革命对档案工作、档案形式、档案管理人员等方面都造成了较大的影响,现代社会要求档案管理自动化、信息传输网络化、信息组织标准化。本章从云南少数民族历史档案本身的价值特点、信息技术革命对档案工作的影响着手，从数字化建设对档案本身的保护及开发利用的意义、对云南少数民族文化的弘扬等方面进行分析，进而提出云南少数民族历史档案数字化建设的必要性。

　　从云南少数民族历史档案数字化建设应具备的基本条件方面进行可行性分析，如技术条件、网络基础设施条件、资金条件、人才条件、标准规范、安全保障条件等方面，通过调查研究，明确实施要素，制订实施目标，建立保障系统，从而制订档案信息数字化建设实施方案。

　　3. 云南少数民族历史档案数字化建设的现状

　　从国内外档案信息数字化着手，分析了云南少数民族历史档案数字化建设的理论研究现状和业务基础工作，对云南少数民族历史档案数字化建设的档案网站水平、数据库建设情况、数字化技术手段进行重点分析。

　　4. 云南少数民族历史档案数字化建设中应解决的问题

　　对云南少数民族历史档案数字化建设中面临的标准规范问题、基础设施建设问题、技术体系建设问题、法律保障问题、人才问题和安全保障问题等进行具体分析，从而了解云南少数民族历史档案数字化建设面临的困难，以便有针对性地制定相关策略来解决这些问题。

　　5. 云南少数民族历史档案数字化建设的宏观策略

　　这部分主要探讨如何从数字化建设的宏观策略方面来保障云南少数民族历史档案数字化建设的实施。宏观策略主要是针对数字化建设必须解决的问题提出具体策略，从宏观上解决数字化建设面临的困难。

6. 云南少数民族历史档案数字化建设的具体业务流程

具体业务流程主要是指对数字化建设加强前期分析，掌握具体建设单位情况；做好信息资源建设的总体战略和各项具体规划；管理好具体的业务建设过程，确定好信息资源选择范围，有效地获取信息资源，对信息资源进行鉴定，精确地组织信息资源，科学地存储信息资源，做好元数据的抽取工作，开发信息资源，进行信息资源的维护与更新；建立绩效评估体系，加强建设的绩效评估。

本书对云南少数民族历史档案的数字化建设进行了全面、系统的综合研究，对云南少数民族历史档案数字化建设的关键问题和主要方面进行了分析，在一定程度上能够弥补云南省乃至国内外对少数民族历史档案数字化建设研究的缺憾，进一步推动云南少数民族历史档案乃至国内外少数民族历史档案的保护与开发利用。

Abstract

The digital archives which are important information resources are about the activities and memories. In order to effectively develop the digital archives information, countries all over the world positively carry on the construction of digital archives with the aid of the modernized technology and the equipments. However, the progress of the digitized construction of archives in China is still in the exploring stage. The amout of papers which concerns on the digitized construction of minority history archives is rare. This book analyzes the feasibility of the digitized construction of Yunnan minority history archives and the present situation of research. It also explores the implementation strategy of the digitized construction of Yunnan minority history file information resource. It provides the theoretical reference for the digitized construction of Yunnan minority history archives from earlier period construction plan, the specific construction process, and achievements appraisal system.

Besides the introduction, the concluding remarks, this article is divided into six chapters as follows:

1. The summary of the digitized construction of Yunnan minority

history archives

It defines the meaning and content of the digitized construction of Yunnan minority history archives from the aspects of the formation, the concept and the type of Yunnan minority history archives.

2. Analysis of the necessity and feasibility of the digitized construction of Yunnan minority history archives

The information technology revolution makes impact on archives work, archives forms and archives managers. Modern society requires the automation of file management, networking of information transmission, standardization of information organization. This chapter starts with the Yunnan minority history archives information resource value of its characteristic and the revolution of information technology influence on archive work, as well as the protection and developing meaning of digitized construction to the archives, promotes the culture of Yunnan minority, puts forward the necessity of the digitized construction of Yunnan minority history archives.

This book analyzes technology, network infrastructure, capital, talent condition, standard, security conditions and other aspects of the digitized construction of Yunnan minority history archives. It also makes execute solution of digitized construction of archives information through investigation and study, clarifies implementation factors, formulates and implements the goal and the establishment of security system.

3. The present situation of the digitized construction of Yunnan minority history archives

Depending on the digitized construction domestic and overseas, this part analyzes the current situation of theoretical research and fundamental work. It emphasizes on archives website level, database construction condition and digital technology method of the digitized construction of Yunnan minority history archives.

4. The unsolved problems of the digitized construction of Yunnan minority history archives

This part analyzes the problems of standardization, construction of infrastructure, construction of technology system, legal protection, talents and security of the digitized construction of Yunnan minority history archives. The difficulties of the digitized construction of Yunnan minority history archives will be revealed and strategy will be made.

5. The macroscopic strategy of the digitized construction of Yunnan minority history archives

This part mainly discusses how the macroscopic strategy of digitized construction guarantees the implementation of the digitized construction of Yunnan minority history archives. Macroscopic strategy aims at solving the problem of the digitized construction of Yunnan minority history archives and overcoming the difficulties of digitized construction at the macro level.

6. The specific business process of the digitized construction of Yunnan minority history archives

Specific business process mainly refers to the emphasis of preliminary analysis, the grasp of the specific construction unit of the digital construction, a great job of the overall strategy and specific planning of information resources construction, management of specific business construction process, the information resource selection range, effective access to information resources, information resource identification, accurate information resource organization, scientific storage of information resources, a great job of metadata extraction, information resource developrnent, information resource maintenance and updating, the establishment of performance evaluation system, the strengthening of the construction of the performance evaluation.

This book has accomplished a comprehensive, system integrated research of the digitized construction of Yunnan minority history archives. It analyzes the key problem and the principal aspect of the digitized construction of Yunnan minority history archives and carries out the research of digitized construction of minority history archives of Yunnan even the domestic and overseas in a certain extent. It also further promotes the protection, development and utilization of Yunnan minority history archives even minority history archives in foreign countries.

目 录

第一章 绪 论 …………………………………… 1

第一节 研究背景 ………………………………… 1
第二节 研究综述 ………………………………… 4
第三节 本书的研究意义 ………………………… 9
第四节 研究内容 ………………………………… 11

第二章 云南少数民族历史档案数字化建设概述 ……… 15

第一节 云南少数民族历史档案概述 …………………… 15
第二节 云南少数民族历史档案数字化建设相关问题阐述 …… 25

第三章 云南少数民族历史档案数字化建设的必要性与可行性 …………………………………… 44

第一节 云南少数民族历史档案数字化建设的必要性 …… 44
第二节 云南少数民族历史档案数字化建设的可行性分析 …… 55

第四章 云南少数民族历史档案数字化建设的现状 …… 61

第一节 理论研究成果不断涌现 ………………………… 62

第二节 档案网站建设掀起高潮 …………………………… 64
第三节 档案目录数据库相继开始建设 …………………… 64
第四节 政策法规建设步伐加快 …………………………… 65
第五节 少数民族文字录入系统已经开发 ………………… 66
第六节 档案数字化人才队伍建设 ………………………… 68

第五章 云南少数民族历史档案数字化建设中应解决的问题 …………………………………………………… 70

第一节 标准规范问题 ……………………………………… 70
第二节 基础设施建设存在的问题 ………………………… 74
第三节 管理应用系统建设存在的问题 …………………… 76
第四节 数字化技术体系建设存在的问题 ………………… 77
第五节 法律保障问题 ……………………………………… 80
第六节 档案信息化人才队伍建设存在的问题 …………… 85
第七节 威胁数字化档案信息安全的因素 ………………… 87

第六章 云南少数民族历史档案数字化建设的宏观策略 …… 90

第一节 数字化建设基本标准的构建 ……………………… 90
第二节 数字化建设中基础设施的完善 …………………… 93
第三节 档案管理应用系统的研发与推广 ………………… 96
第四节 数字化技术的建设方案 …………………………… 99
第五节 档案数字化建设相关法律问题的处理 …………… 107
第六节 档案信息化人才队伍建设 ………………………… 115
第七节 数字化档案信息的安全保障 ……………………… 118

第七章 云南少数民族历史档案数字化建设的具体业务流程 ……………………………………………………… 125

第一节 加强前期分析 ……………………………………… 125

第二节　做好云南少数民族历史档案数字化建设规划 …………127
第三节　紧跟建设业务流程 …………………………………………133
第四节　建立绩效评估体系 …………………………………………159

结　语 ……………………………………………………………………168

参考文献 …………………………………………………………………170

后　记 ……………………………………………………………………181

Contents

Chapter 1　Introduction ／1

1. Research Backgroud ／1
2. Research Reviews ／4
3. Significance of the Research ／9
4. Research Contents ／11

Chapter 2　Summary of the Digital Construction of Yunnan Minority Historical Archives ／15

1. Overview of Yunnan Minority History Archives ／15
2. Digitization of Yunnan Minority History Archives ／25

Chapter 3　Necessity and Feasibility of the Yunnan Minority History Archives ／44

1. The Necessity of Digitized Construction of Yunnan Minority History Archives ／44
2. Analysis of the Feasibility of Digitized Construction of Yunnan Minority History Archives ／55

Chapter 4 The Current Situation of the Digital Construction of Yunnan Minority Historical Archives / 61

1. The Emergence of Theoretical Research Results / 62
2. Archives Website Construction Reached a Climax / 64
3. Successive Archives Directory Database Construction / 64
4. Accelerated Construction of Policies and Regulations / 65
5. Developed Ethnic Minority Language School Systems / 66
6. Promoted Archives Digital Talent Team / 68

Chapter 5 The Unsolved Problems of Digitized Construction of Yunnan Minority History Archives / 70

1. Standard Specification / 70
2. Problems of Infrastructure / 74
3. Problems of Application System / 76
4. Problems of Digital Technology System Construction / 77
5. Legal Protection Problems / 80
6. Archives Informatization of Talents Construction Problems / 85
7. Security Risk of Digital Archive Information / 87

Chapter 6 The Implementation Strategy of Digitized Construction of Yunnan Minority History Archives / 90

1. Construction of Basic Standards for the Digitalization / 90
2. The Improvement of the Infrastructure in the Construction of Digitalization / 93
3. Development and Promotion of Management Application System / 96

4. Construction Scheme of Digital Technology / 99
5. Handling Legal Issues about Digital Archives Construction / 107
6. The Construction and Development of Informatization Talents / 115
7. Digital Archives Information Security / 118

Chapter 7 The Specific Business Process of Digitized Construction of Yunnan Minority History Archives / 125

1. Strengthening Pre-analysis / 125
2. Accomplishing the Digitization Construction Plan of Yunnan Minority History Archives / 127
3. Keeping up with the Construction Business Processes / 133
4. The Establishment of Performance Evaluation System / 159

Conclusions / 168

References / 170

Postscript / 181

第一章 绪论

第一节 研究背景

20世纪90年代以来，全球范围内掀起了信息化建设浪潮。世界上一些发达国家相继掀起了档案信息资源信息化建设的高潮，随后开始了档案数据库建设和数字档案馆建设。在这样的信息化背景下，中国档案信息资源数字化建设在一些经济、科技发达地区率先开展起来，且呈现迅猛的发展势头。云南少数民族历史档案数字化建设有两大背景：一是全球信息化和国外档案信息化建设的发展；二是国内档案数字化工作的发展。

一 全球信息化的大趋势

1993年，美国总统克林顿上任不久就提出了建立"信息高速公路"的信息化发展计划。英国、法国、日本、加拿大等国家紧随其后，先后提出了自己的"信息高速公路建设规划"。1994年，美国提出兴建"全球信息基础结构"的建议。1998

年，美国副总统又提出了"数字地球"计划，旨在建立以地球坐标为依据、由海量数据组成、能立体表达的虚拟地球。

无论是"信息高速公路"，还是"数字地球"，这种信息化都是以数字化、网络化、智能化、可视化为基础的，是建立在计算机体系和通信网络基础上的一种数字时空。其中，数字化是这一切的基础，只有数字化以后，各种信息资源才能在网络空间得以生存和利用。20世纪90年代以来，各种数字概念和名称已经充满了我们的生活，数字中国、数字城市、数字政府、数字社区、数字家庭等众多概念通过各种媒体和渠道进入了我们的大脑。与此同时，计算机技术和网络技术的发展已经到了第三代，以高速、宽带主干网为基础的信息网络正迅速建立起来。

20世纪90年代以来，一些国家相继开始进行档案信息网络化建设，并大规模地在互联网上建立档案网站，发布档案信息。由此，掀起了档案信息网络化建设的高潮。各国在建立门户网站后，相继开始档案信息资源库（先目录数据库后全文数据库）的建设。此后，又开始向数字档案馆迈进。

二　国内档案数字化工作的开展

随着信息技术的发展，社会信息意识逐渐加强，信息资源已成为人类社会活动、经济活动的重要资源。邓小平1984年就曾提出："开发信息资源，服务四化建设。"江泽民于1992年进一步提出："实现四个现代化，哪一个也离不开信息化。"中共十五大报告指出："以信息化带动经济化。"进入21世纪后，我国信息化产业发展迅速，信息通信网络设施得到明显改善。网站数量的快速增长进一步说明了我国互联网产业正稳步发展，同时也预示着网络应用将得到大发展。信息产业在通信网络飞速发展、信息技术广泛应用的前提下成为我国经济发展中最有发展力的产业和重要支柱产业之一。由于我国政府和企业的信息化发展迅速，涉及领域广泛，2004年后我国进入了第三个电子政务发展阶段。由于自身的原生性、凭证性，档案作为信息资源的重要性正日益被人们所认识和重视。国内外信息技术的迅速发展和推广应用也为档案数字化建设创造了前所未有的契机。

自国家档案局把档案信息化建设作为"十五"期间的一项战略任务确定下来后，为了早日实现档案保管、开发、利用、管理的数字化和网络化，我国开始加快各地区的档案信息化建设。自2003年以来，国家档案局加强了档案信息化建设的力度，先后制订并颁布了一批与档案信息化建设相关的信息化标准和规章制度，如《电子文件归档与管理规范》《电子文件归档暂行办法》《档案管理软件功能要求暂行规定》《网站管理办法》《电子文件名词术语》《中外档案网站导航》等。经过近年来的建设，我国在档案信息化建设方面已经取得了不小的成就和许多建设经验。例如，部分地方档案部门与当地信息化主管部门积极联合，力争把档案信息化建设纳入电子政务建设总体框架和当地信息化建设之中。

云南省地处中国西南地区，与越南、老挝、缅甸等东南亚国家接壤，全省共有52种民族成分，其中5000人以上的少数民族25个，云南特有民族15个。云南少数民族历史悠久，部分少数民族在历史上创制了本民族的文字，形成了丰富多彩的、反映各少数民族社会历史发展进程的历史档案。这些历史档案是云南少数民族地方政权、土官、个人在社会历史发展过程中以本民族文字或汉文直接形成的，反映少数民族政治、经济、历史、天文、军事、历法、教育、医药、文艺、哲学、宗教、伦理和民俗等方面情况的，具有保存价值的各种不同载体形式的历史记录。云南少数民族历史档案数量丰富、种类繁多，其中较为典型的是藏文、满文、彝文、傣文、白文、东巴文、壮文、瑶文、苗文和水书等档案材料。按记录方式可以分为图像档案、声音档案、刻契档案；按载体形式可分为石刻档案、摩崖档案、器物档案、竹木档案、布帛档案、羊皮档案、兽骨档案、陶片档案、贝叶档案、纸质档案、照片档案、口碑档案等。现今，云南少数民族历史档案的数字化技术研究尚处于起步阶段，大都集中于少数民族文字键盘录入系统和目录数据库的开发。研究云南少数民族历史档案数字化建设的现状与问题，可更好地挖掘、开发与利用这一优秀的历史文化遗产，为建设民族文化大省和发展民族文化旅游做出贡献。

第二节　研究综述

美国是最先开始进行档案数字化理论研究的国家。在现代信息社会，信息技术与网络通信技术快速发展，发展中国家也逐步开始档案数字化的建设研究。相比较而言，西方发达国家在档案数字化工作方面和理论研究方面开展得比我国早，研究也比我国充分。在档案数字化工作方面，我国还处于探索与论证阶段，对档案信息数字化建设的理论研究于近些年才刚刚兴起，并且主要集中研究专门档案的数字化建设和数字档案馆分设，处于从传统档案信息的管理模式到数字档案信息的管理模式的过渡性研究中，研究的侧重点不够明显，大多停留在概念性的探索阶段，缺乏对现实有指导意义的理论研究。现阶段的少数民族历史档案信息资源数字化研究大多停留在"表层"，仅限于目录录入，或将档案文献直接扫描，做成电子出版物。数字化技术基本上是重在开发各少数民族文字的录入系统,还未真正进入图像、声音等多媒体的信息资源数字化技术的研究与应用阶段。

一　国外研究现状

20世纪90年代以来,一些国家开始进行档案信息化建设,相继在互联网建立了很多档案网站,发布了大量的档案信息。由此,掀起了国内外档案信息化建设的高潮。据统计,世界2000余个各类档案机构、档案学(协)会在互联网上建立了网站。总的来说,国外档案网站内容较为全面和丰富,涵盖档案工作、档案事业及档案信息的方方面面,向档案用户充分展示了档案信息丰富多彩的一面。除了档案馆发布的馆藏档案信息外,还包括有关本档案机构的新闻和事件、档案专业学会及讨论组的信息、档案出版物信息、有关档案标准的网络信息、档案保护技术信息、有关档案学研究热点问题的信息、有关档案教育的网络信息等。这些网站中含有大量的一次档案信息,它们或是电子文件,或是对传统档案进行数字化处理后的数字副本,或是以文本方式存在的档案内容的全文,或是以多媒体方式存在的包含所有载体信息在内的档案原件的真实再现。此外,它们还配备了高效的检索工具,为利用者提供了极大的方便。

各国在建立门户网站后,相继开始档案信息资源库(先目录数据库后全文数据库)的建设。20世纪90年代以来,美国国家档案与文件署(National Archives and Records Administration,NARA)开发了档案研究目录(Archival Research Catalog,ARC)和档案利用数据库(Access to Archival Database,AAD)。档案研究目录包括NARA在华盛顿特区、地区档案馆和总统图书馆全国范围内的在线目录,其中有21.4万件历史文件和照片已经可以进行在线全文/图片检索。但它所著录的档案仅仅只是 NARA 永久保管档案中的 40%，目录的内容还在不断增加。档案利用数据库提供在线利用 20 多个联邦机构产生的电子文件。该网站能够检索用户所需的某一具体信息，以及提供能使用户更好地理解文件的背景信息。英国开发了英国国家档案馆目录、档案利用数据库等。英国国家档案馆目录包含了 950 万条可以检索的文件目录，这些文件来自中央一级的政府、法庭以及其他机构。档案利用数据库提供从公元 900 年至最近的英国档案相关信息，这些档案被保存在英国各地的文件室、图书馆、大学、博物馆、国家或者专家研究机构，并且可供使用。此外，加拿大开发了加拿大档案总目录数据库，澳大利亚国家档案馆开发了文件检索数据库、照片检索数据库等。

  国外在建设目录数据库和全文数据库后，开始向数字档案馆迈进。数字档案馆建设以英美为典型。美国建立了电子文件档案馆（Electronic Records Archives, ERA）。随着 NARA 接收的电子文件数量日益增多、种类日益丰富，电子文件管理日益复杂和困难，同时档案用户急切希望能够通过网络获取国家档案馆中保存的电子文件。这些挑战和压力促使 NARA 决定建立一个自动化程度很高的集成系统，实现提供数字资源利用的同时，管理、维护各种类型的电子文件，保证其真实性、完整性和长期可读性，这就是 ERA 工程。[①] NARA 的初步目标是在 2007 年将 ERA 系统投入使用，并在相当长时间内不断发展完善。电子文件档案馆将成为一个全面、系统、动态地保护任何形式的电子文件，不依赖

---

① 廖凯：《走近美国电子文件档案馆》，《兰台世界》2004 年第 2 期，第 10~11 页。

任何一种专门硬件和软件，方便用户利用文件的数字档案馆。英国开发建设了大不列颠国家数字档案（UK National Digital Archives Database，NDAD），它的目标是保护国家档案馆认为需要保存的中央政府各部门和机构计算机中的资料组，同时尽可能提供利用。NDAD的目的就是要保护这些重要的数据，防止其随着时间的流逝和技术的发展而受到损害，并且保证这些数据能够提供网上利用。通过该网站用户可以利用政府各部门资料组内的数据，这些数据以部门和系列来分类。同时，政府各部门也有专门进入NDAD的入口，可以把数据导入其中。因此，NDAD实际上是未来数字档案馆的雏形。

从国外档案信息资源开发状况来看，它们走的是先建立档案网站，再建设档案信息数据库，最后建设数字档案馆的道路。其中，档案信息数据库包括建设档案信息目录数据库和档案全文数据库两个阶段。从国外档案数字化建设情况来看，不同国家的发展阶段也不相同。例如，英国、美国不仅建有统一的目录数据库和各个主题的全文数据库，而且它们正努力向数字档案馆跃进，如英国的NDAD项目、美国的ERA项目；澳大利亚等国家档案馆主要提供统一的目录数据库检索，可供在线利用的全文数据库较少；加拿大的发展则介于英国和澳大利亚之间，它没有开展数字档案馆的建设，但是提供统一的馆藏目录库在线，也提供全文数据库检索。因此，从国外发达国家建设的情况来看，建设数字档案数据库是现阶段档案信息数字化建设的主要手段和主要发展阶段。

二　国内研究现状

自国家档案局把档案信息化建设作为"十五"期间的一项战略任务确定下来后，为了早日实现档案保管、开发、利用管理的数字化和网络化，我国开始加快各地区的档案信息化建设。自2003年以来，国家档案局加强了档案信息化建设的力度，先后制订颁布了一批与档案信息化建设相关的信息化标准和规章制度，如《电子文件归档与管理规范》《电子文件归档暂行办法》《档案管理软件功能要求暂行规定》《网站管理办法》《电子文件名词术语》《中外档案网站导航》等。经过近年来的建设，我国在档案信息化建设方面，已经取得了不小的成就和许多建设经验。

国家信息化的推进和电子商务的应用，正在对档案和档案工作产生巨大的影响，促使档案管理的信息化。随着数字政府的建立，政府部门将大量产生和应用电子文件，使档案信息的形态从原来的以纸质文件、照片等为主，转变为以数字形式为主。各个档案馆为了提高自身管理方式的现代化水平，对接收进馆的电子档案都开始运用计算机进行管理。

中国的档案部门从20世纪80年代初开始探讨、研究、应用计算机管理档案。近年来，档案馆计算机辅助管理的应用范围越来越广泛，从早期的自动编目扩展到档案收集、整理、鉴定、统计、检索、编研、利用等各个方面。根据档案业务管理现状，可以把档案管理自动化工作分为两大部分：档案实体管理自动化和档案信息管理自动化。全国大多数档案馆内部已经建立了局域网，可以连接本单位各科室，实现档案馆办公的自动化。正是这样的背景促使中国档案界积极开展对数字档案资源的研究和建设，力图通过档案信息管理和提供利用方式的转变，突破传统档案管理和提供利用的局限，真正实现档案信息资源的共享，推动社会和谐发展。

从目前已公开发表的研究成果来看，论及少数民族信息资源数字化建设方面的文献已相当丰富。据笔者统计，利用Google搜索，截至2011年6月24日，论及这方面的文献就有45000多篇，论及云南少数民族档案信息资源数字化建设的文献资料有4090篇，而专门论及云南少数民族历史档案数字化建设的文献相对更少。这些文献大致可以划分为两大类：一类是从理论出发的研究文献，如《少数民族文字历史档案的数字化建设》《关于少数民族文字文献的数字化思考》等；另一类是从实际工作出发而总结出来的相关工作计划等，如《普洱市档案信息化建设"十一五"规划》《昆明市档案信息化建设"十二五"规划》等。云南大学的研究人员针对云南省和西南地区少数民族历史档案的研究成果不断涌现。近些年来，华林教授编著的《西南彝族历史档案》《傣族历史档案研究》《西南少数民族历史档案管理学》《藏文历史档案研究》等，以及陈子丹教授编著的《云南少数民族金石档案研究》等著作中，都对云南少数民族历史档案的数字化建设有所涉及。王耀希主编的《民族文化遗产数字化》一书，对云南少数民族文化遗产的数字化技术及其应用进行了深入研究，其中就包括档案信息数字化的关键技术、可行性指标评价、模型构建等。有关云南少数民族历史档案数字化建设的论文也层出不穷。华林教授先后发表了《西部大开发与少数民族文字历史档案保护政策研究》《少数民族文字历史档案的数字化建设》《论少数民族文字历史档案的数字化技术保护》等文章，对云南少数民族历史档案的数字化建设进行了研究。

第三节　本书的研究意义

一　理论意义

本书对云南少数民族历史档案的数字化建设进行了全面、系统的综合研究，对云南少数民族历史档案数字化建设的关键问题和主要方面进行了研究，能够弥补云南省乃至国内外对少数民族历史档案数字化建设研究的缺憾，进一步推动云南少数民族历史档案乃至国内外少数民族历史档案的保护与利用。本书在深入探讨云南少数民族历史档案数字化建设的可行性、研究现状及面临问题的基础上，探索云南少数民族历史档案数字化建设的实现策略，为云南少数民族历史档案数字化建设从前期的建设规划、具体的业务建设过程及绩效评估体系建设过程等方面提供了理论参考。

二　现实意义

云南拥有5000人以上的少数民族25个，特有少数民族15个。部分少数民族在历史上创制了古民族文字，并用这些文字记录了少数民族在社会历史发展进程中的生产和生活情况，形成了丰富的少数民族历史档案。研究云南少数民族历史档案数字化建设问题，可更好地开发利用云南少数民族历史档案，充分发挥云南少数民族历史档案的历史价值和现实作用，为建设民族文化大省和发展民族文化旅游做出贡献。档案信息化建设是信息社会发展对档案工作的要求，档案数字化建设则成为档案信息化建设的重要目标和任务，是档案管理工作的革命性改变。档案数字化建设研究对云南省的经济文化发展具有非常重要的现实意义。对于云南这样一个多民族的省份，历史遗留下来的少数民族历史档案数量丰富、种类繁多、原始记录性强。进行云南少数民族历史档案数字化建设将具有一定的历史价值、科技价值、艺术价值、经济价值和文化价值，可以实现管理云南少数民族历史档案手段的信息化、规范化、标准化和科学化，更好地保护与抢救这一珍贵的少数民族历史文化遗产，更好地开发利用云南少数民族历史档案，从而对建设民族文化大省做出贡献。

第四节 研究内容

一 研究思路

本书以马列主义、毛泽东思想、邓小平理论和"三个代表"重要思想为指导，坚持历史唯物主义与辩证唯物主义相结合，采用理论联系实际的研究方法，以档案学和信息学的理论与实践方法为指导，结合历史学、民族学、文献学、史料学和信息技术科学等多学科对云南少数民族历史档案的数字化建设现状进行调查、研究，并借鉴了信息学、情报学的数字化建设经验。

本书首先对云南少数民族历史档案数字化建设进行理论阐述，就云南少数民族历史档案的形成、含义、范围、种类、特点等方面展开论述。然后，对云南少数民族历史档案数字化建设进行可行性分析，从云南少数民族历史档案数字化建设的现状着手，对云南少数民族历史档案数字化建设面临的问题及解决措施进行了重点论述。最后，提出云南少数民族历史档案数字化建设的实现策略。

本书从具体的微观研究入手，最终达到宏观与微观的统一，实现了具体现实问题研究与理论建设两个方面的突破。

二 具体内容

本书以云南少数民族历史档案数字化建设的必要性与可行性，建设的现状、存在的问题，解决措施以及实现策略为研究内容，旨在通过本书研究从理论与实践上解决云南少数民族历史档案数字化建设面临的问题。本书对云南少数民族历史档案的数字化建设有一定的指导意义，并进而应用于全国少数民族历史档案的数字化建设。本书的主要研究内容如下。

（一）云南少数民族历史档案数字化建设相关问题的阐述

对云南少数民族历史档案的含义、形成、范围和种类等方面进行概述，从而进一步界定云南少数民族历史档案数字化建设的含义、内容。

（二）云南少数民族历史档案数字化建设的必要性与可行性分析

从信息技术革命对档案工作、档案形式、档案管理人员等方面造成的较大影响入手，提出现阶段档案管理要求进行数字化建设以适应信息社会的发展；通过论证数字化建设有利于抢救和保护云南少数民族历史档案，有利于对其进行科学规范的管理，使这一优秀民族文化遗产得以长久留存，从而充分发挥云南少数民族历史档案的历史价值和现实作用，进而提出进行云南少数民族历史档案数字化建设的必要性。

从云南少数民族历史档案数字化建设应具备的基本条件入手进行可行性分析，如技术条件、网络基础设施条件、资金条件、人才条件、标准规范、安全保障条件等方面。通过调查研究，明确实施要素，制订实施目标，建立保障系统，从而制订出档案信息资源数字化建设实施方案。

（三）云南少数民族历史档案数字化建设的现状

从国内外档案信息数字化建设现状着手，重点分析和研究了云南少数民族历史档案数字化建设的理论研究现状、档案网站和数据库建设情况、相关政策法规建设现状、数字化技术手段、档案信息人才队伍建设情况等数字化基础建设状况。

（四）云南少数民族历史档案数字化建设中应解决的问题

对云南少数民族历史档案数字化建设中面临的标准规范问题、基础设施建设问题、技术体系建设问题、法律保障问题、人才问题和安全保障问题等进行具体分析，从而了解云南少数民族历史档案数字化建设面临的困难，以便有针对性地制定相关策略来解决这些问题。

（五）云南少数民族历史档案数字化建设的宏观策略

宏观策略主要是针对数字化建设必须解决的问题，诸如法律、人才、数字化技术等方面，提出具体的解决策略，从宏观上解决数字化建设面临的困难。

（六）云南少数民族历史档案数字化建设的具体业务流程

具体业务流程主要是指对数字化建设加强前期分析，掌握具体建设单位情况；做好信息资源建设的总体战略和各项具体规划；管理好具体的业务建设过程，确定好信息资源选择范围，有效地获取信息资源，对信息资源进行鉴定，精确地组织信息资源，科学存储信息资源，做好元数据的抽取工作，开发信息资源，进行信息资源的维护与更新；建立绩效评估体系，加强建设绩效评估。

三 创新之处

为了赶上国内外档案数字化建设的发展步伐，适应现代信息社会中社会公众对档案信息需求的挑战，为云南省档案部门进行云南少数民族历史档案数字化建设提供参考，本书分七大部分从必要性与可行性分析、数字化建设的现状、面临的问题、宏观策略等方面，从宏观到微观对云南少数民族历史档案数字化建设中的若干问题进行探讨。

本书的创新之处在于全面综合地研究云南少数民族历史档案数字化建设。以往的研究往往侧重于云南少数民族历史档案数字化建设信息采集的数字化技术或数据库等的某一方面，研究的广度和深度有所欠缺。本书对云南少数民族历史档案信息资源数字化建设从可行性、标准规范、技术保障、法律保障、人才、安全保障等方面进行了全面的综合研究。

本书广泛借鉴、引进相关学科的研究成果，以档案学和信息学的理论与实践方法为指导，结合历史学、民族学、文献学、史料学和信息技术科学等多学科对云南少数民族历史档案的数字化建设现状进行调查、研究，并借鉴了信息学、情报学的数字化建设经验。

四　研究局限

由于云南少数民族历史档案种类丰富，且收藏机构众多，大都散存于民间，因此，本书的调研对象受到很大局限，可能会对具体的研究结果造成一定的偏差。

本书以云南少数民族历史档案为整体进行研究，因此，具体的实施过程仍然需要在区别对待的基础上展开个案研究。

本书提出的云南少数民族历史档案数字化建设的实现策略尚有待在实践过程中加以检验。

第二章 云南少数民族历史档案数字化建设概述

第一节 云南少数民族历史档案概述

一 云南少数民族历史档案的形成

云南是一个多民族的省份，各民族在长期的历史发展过程中，共同创造了光辉灿烂的历史文化，形成并积累了内容丰富、数量浩繁的反映各少数民族社会历史发展真实面貌的少数民族历史档案。云南少数民族历史档案主要由两大部分构成。

（一）少数民族文字历史档案

云南各少数民族有悠久的历史和古朴的民族文化，部分少数民族在历史上还创制了本民族古老的民族文字。藏文、彝文、傣文、东巴文、白文、壮文等少数民族文字被发明后，随即成为记事和传递社会信息的主要手段和工具，由此产生并形成了大量的古籍、文牍、账簿、契约、谱牒、摩崖石刻、碑刻、金文、印信、竹简、木刻、布书、瓦书、陶书等云南少数民族文字历史档案，为了解云南各少数民族的社会历史发展情况提供了极为丰富的历史档案文献材料。

(二) 汉文少数民族历史档案

在历代封建王朝对云南少数民族地区的统治过程中，汉文化得以广泛传播。很多少数民族上层人士和少数民族群众学习并掌握了汉族文字，以汉文形成了丰富的反映云南少数民族社会、经济、历史、文化等方面情况的云南少数民族汉文历史档案。它由两部分组成：官方汉文云南少数民族历史档案和云南少数民族汉文历史档案。

此外，还有一部分少数民族图像历史档案。

二 云南少数民族历史档案的含义

新中国成立初期，我国开始对少数民族历史档案进行研究。国家档案局1960年在呼和浩特召开全国少数民族地区档案工作会议，第一次提出了少数民族历史档案的概念问题。会议之后，档案学专家对少数民族历史档案的内涵、外延问题的认识一直没有形成定论，主要分歧在于：少数民族历史档案是少数民族自身形成的档案文件，还是包括所有反映少数民族问题的档案文件？少数民族历史档案是传统意义上的文书，还是包括其他种类的文件材料？这一时期，比较有代表性的观点是云南大学档案系张鑫昌教授提出的："所谓'民族档案'，是指各个时期的一切社会组织及其成员关于各少数民族的具有一定保存价值的各种文字符号的原始记录。"[1]

1987年11月，中国档案学会在昆明召开少数民族档案史料学术研讨会，这次会议对少数民族历史档案的概念问题进行了深

---

[1] 华林：《西南少数民族历史档案管理学》，民族出版社，2001，第24页。

入探讨。各省档案局的专家对少数民族历史档案的概念问题都发表了各自不同的观点，形成了众多意见与看法。随着档案学界对少数民族历史档案的研究日趋成熟，1993年11月，由中国档案出版社出版，杨一中编著的《中国少数民族档案及其管理》一书对少数民族档案的概念作了如下界定："各少数民族在各个历史时期进行社会生活、劳动生产和对外交往中，采用本民族创造的文字或借用其他民族文字形成的各种记录材料，同时，各个历史时期的统治机构、社会组织在处理少数民族事务活动中也形成了各种文字记录。随之也就形成了少数民族档案。"

综合少数民族历史档案的属性和档案学界对少数民族档案的认识，云南少数民族历史档案的含义可以表述如下。

云南少数民族历史档案是整个档案信息资源的一个组成部分。主要包括1949年以前云南各个少数民族和各个历史时期的国家机构、官吏在社会实践活动中直接形成的反映云南少数民族政治、经济、军事、历史、科技、文化、宗教和民俗等社会历史情况，具有保存价值的文字、图画和声像等不同形式的历史记录。其中包括云南少数民族文字历史档案和云南少数民族汉文历史档案，其形式多样、种类丰富，有古籍、文牍、账簿、契约、谱牒、摩崖石刻、碑刻、金文、印信、竹简、木刻、布书、瓦书、陶书等。

这一概念包括如下内涵。

云南少数民族历史档案的形成者是云南少数民族和各个历史时期的国家机构和官吏。其中，云南少数民族形成者是各个少数民族的土官、贵族、民族知识分子和一般群众；国家机构和官吏形成者是指历代封建中央政府、地方机构和各级官吏等，他们是云南少数民族历史档案的形成主体。

云南少数民族历史档案真实地反映了云南少数民族政治、经济、军事、历史、科技、文化、宗教和民俗等社会历史情况，内容涉及云南少数民族社会历史发展的各个领域，以其可靠的参考凭证作用而具有很高的档案查考价值。

云南少数民族历史档案有各种不同的记录形式，因此，档案种类繁多。云南少数民族历史档案由于记录符号、载体材料、载录方式和文件名称的不同，形成了各种形式的档案文件材料。

三 云南少数民族历史档案的范围和种类

云南少数民族历史档案是云南各少数民族在其社会历史发展过程中形成的，不仅形成主体众多，而且由于记录符号、载体材料、载录方式和文件名称的不同，所形成的各种档案文件材料种类也极为丰富。现存的云南少数民族历史档案，按档案的形成主体可划分为以下两个部分。

（一）原生云南少数民族历史档案

原生云南少数民族历史档案是由云南少数民族自身形成的。它包括云南少数民族文字历史档案、云南少数民族汉文历史档案和云南少数民族图像历史档案三个部分。

1. 云南少数民族文字历史档案

云南少数民族文字历史档案是指云南少数民族以藏文、彝文、傣文、东巴文、白文、壮文等民族文字形成的档案文件材料。按其存在方式又可分为古籍、文书、石刻、金文、竹简、木刻、瓦书、陶书等。

（1）古籍。云南少数民族文字古籍按内容性质可分为以下类别：宗教类（包括祭祀经、福禄经、百解经、占卜类、丧葬类、禳解类等）、历史类、文艺类、科技类、伦理类、哲学类、语言文字类、军事武术类、译著类、心理学类等，如《赶不育鬼经》《祭天经》《阿哈拉纳摩经》《玛尼全集》《柱下遗教》《格萨尔》《阿诗玛》《四颗缅桂花树》《月王药诊》《十月兽历》《演算法》《训迪篇》《劝善经》《训也唱词》《物种起源》《天地四方书》《灵魂出现》《昆明西乡彝文单字注释》《字母经》《傣文典大全》《阿武记》《兵马记》《石猴出世》《唐僧取经》《沙都加》等。

（2）文书。按其内容性质可划分为：政务文书（包括诏书、委状、令旨、指令、布告、通告、呈文、祝文等）、法规文书、经济文书、谱牒文书、信函文书等，如《文书汇集》《车里宣慰使加封召勐随同委状颁发的诏书》《芒莱法典》《召片领判事条例》《作斋账单》《西双版纳四十四世纪末》等。

（3）石刻。石刻档案按其外形可划分为碑刻和摩崖两大类型。碑刻按其用途又可分为：墓碑、寺祠碑、日历碑、源流碑、诗文碑、纪功碑、会盟碑、修路建桥碑、山神碑、山界碑、乡规民约碑、圣旨碑等，如《安氏墓碑》《大仙人脚佛寺碑》《母虎日历碑》《三十七部会盟碑》《大西邑彝族村乡规民约碑》《法王皇帝圣旨碑》等。

（4）金文。金文泛指刻在器物上的文字，如《勐海大佛寺记事银片铭文》《段政兴资发愿文金文》等。

（5）印章。较为典型的有藏文、傣文、彝文印章，如"车里宣慰司铜方印""盏达宣慰使司关防"等。

（6）竹简、木刻、骨文、布书、皮书、瓦书和陶文，如《甘珠尔》等。

2. 云南少数民族汉文历史档案

云南少数民族汉文历史档案是指汉文化传入云南少数民族地

区后，少数民族土官和群众使用汉文形成的档案文件材料，主要有文书、石刻、金文、印章四种类型。

（1）文书。按其内容可分为：政务文书、承袭文书、经济文书、军事文书、司法文书、鸦片问题文书、谱牒、契约、账簿、信函等，如《云南武定那氏历代家谱事》《诫谕诸儿侄书》等。

（2）石刻。云南少数民族汉文历史石刻同样分为碑刻和摩崖两类，如《云南武定那德洪墓碑》《云南剑川昭应寺碑记》《云南鹤庆黑龙潭碑记》《云南剑川保护公山碑记》《云南凤仪董氏本音图略叙》《云南南诏德化碑》《云南凤仪免除董氏土官差役圣旨碑》《云南纪念李文学神位碑》《云南弥勒彝族纪义汉文岩刻》等。

（3）金文。如《南诏铁柱题记》等。

（4）印章。如"大理国督爽印""刀保图条章"等。

3. 云南少数民族图像历史档案

除了文字符号档案，云南少数民族还产生了一些图像等其他记录符号的历史档案，包括结绳刻木、图画、照片等。如《工艺美术图案集》《东巴舞蹈规程》《鬼牌画册》《南甸第27代土司刀定国照片》等。

（二）官方云南少数民族历史档案

官方云南少数民族历史档案是历代封建中央王朝和地方官吏在统治云南少数民族地区的过程中形成的，有文书档案、碑刻档案、印章档案三种类型。

1. 文书

文书是历代封建统治者在治理云南少数民族地区时，为颁布统治政策、传达统治意志而形成的档案材料。按内容可分为：统治政策文书、封授袭替文书、经济事务文书、改土归流文书、反叛纷争征剿文书、教化儒学文书、交通驿站文书等，如《云南临安府正堂王关于勒令崇道、安正二里普文理之妻缴出土舍关防及原领号纸札文》《云南总督庆复关于修筑昭通至镇雄、永宁等地铜运道路奏本》等。

2. 石刻

官方云南少数民族历史石刻档案，按其记录方式的不同，同样分为碑刻和摩崖两种类型。碑刻按其用途又可分为：墓碑、儒学碑、水利碑、告示碑、戢抚碑、德政碑等，如《恤忠祠记碑》《大理文庙圣旨碑》《羊龙潭水利碑》《祥云县十二长官司告示碑》《元世祖平云南碑》《灵官崖石刻》等。

3. 印章

印章是各朝封建中央政府在云南少数民族地区实行"羁縻"政策，封少数民族贵族为王、侯或任命少数民族上层为土官时颁发的权柄信物。如"'滇王之印'金印""哀牢王章""建水县溪处土司之印"等。

四　云南少数民族历史档案的价值特点

(一) 数量丰富，种类繁多

云南少数民族历史档案种类繁多，这些档案按记录文字可分为云南少数民族文字历史档案（包括藏文档案、彝文档案、傣文档案、东巴文档案、白文档案等）和云南少数民族汉文历史档案；按其档案载体材料划分，有纸质档案、石质档案、金属质档案、竹木档案、兽骨档案、布帛档案、皮质档案、贝叶档案等；按其记录方式划分，有手写档案、刻录档案、印刷档案；从档案的名称划分，有诏、题、奏、疏、令、书、移、咨、函、呈、法规、条例、布告、通告、公约、账簿、谱牒、契约、登记册、经书等；从档案本身形成的种类划分，有古籍、文书、碑刻、摩崖、金文、印章等。这些档案不仅种类繁多，而且富有民族特色。例如，贝叶档案是傣文档案中极为独特的一种民族档案。它是用一种属于棕榈科的木本植物"贝叶棕"的叶片经过特殊的加工制作，并用特制的铁笔在上面刻写傣文而成。这种档案具有耐久性强、防潮、防腐、防蛀、不易磨损的特点，写在上面的字迹经久不变。除用于刻写佛经外，还用于历史文献、天文历法、法律文书、文学作品、医药典籍的刻录，现已成为傣文历史档案的重要构成部分。东巴经是东巴文书中数量最为丰富的一种档案。它们以古老的纳西象形文字撰写而成，有东巴在举行各种祭祀仪式中形成和使用的祭家神、谷神、音神、站神的经书，如《祭风经》《祭祖经》《祭山神龙王经》《祭城隍经》；有为死者举办丧事、进行超度时候使用的经书，如《开丧经》《鲁般鲁饶》；有由于抵御妨碍人畜生存发展、影响农作物和其他植物正常生长的灾难的禳解经，如《做替身消灾经》《解秽经》《赶不育鬼经》《送鬼经》；有卜问年时好运、福祸寿命、求财禄、建房、婚嫁吉日及解算鬼祟时使用的占卜经，如《羊骨卜》《巴格卜》《占星卜》《九宫卜》等。这些经书不仅记录了宗教内容，还记录了纳西族历史、哲学、天文、医学、文学、农业生产、工艺制造和民俗等诸多方面的知识，在少数民族文献学、文字学以及历史学、文学史、文化史等领域都有极高的史料价值。

（二）内容涉及面广

云南少数民族历史档案是各民族在长期社会实践活动中形成的，汇集了众多少数民族在社会历史发展过程中各个领域所创造的历史文明与文化结晶，内容涉及面极广，史料殷实，有很高的查考利用价值。以彝文古籍为例，主要类别有宗教，如《作祭经》《作斋经》《指路经》《白解经》《占卜经》；历史，如《叙祖白》《开天辟地》《阿细的先基》《六祖光辉》《彝族历史书》《风家历史》；哲学，如《物种起源》《天地四方书》《事物循环》《通书》《命理》；伦理，如《训迪篇》《劝善经》《教育子女书》《伦理书》《善书》《道德书》；文艺，如《阿诗玛》《南诏的宫灯》《彝族歌词》；科技，如《彝族十月太阳历》《彝族天文史》《元阳彝医书》《数算》；军事，如《彝家兵法》《兵马战书》；文字学，如《红沙单字集》《昆明西乡彝文单字注释》。这些彝文古籍类别详尽，涉及彝族古代社会发展的各个领域，内容极为丰富。

（三）有较强的原生性和凭证性

云南少数民族历史档案是各民族在社会实践活动中为阐明意图、进行联系、记述情况及处理各种社会事务而形成的，是历史的真实记录，具有较强的档案形成的原生性和档案作用的凭证性。

1. 作者的原生性和凭证性

云南少数民族历史档案的原生性是指各种各样的档案材料是由少数民族本身形成的，具体而言是由历代中央政府、地方官吏和少数民族土官、贵族、文书、巫师、和尚、民间歌手、师爷以及其他民族知识分子，在社会实践活动中为处理各民族事务而以本民族文字或汉文撰写而成，因而具有较强的原生性，是具有很高的档案参考、凭证价值的第一手文件材料。以东巴经的形成为例，现存2万余册东巴经均为东巴所撰。东巴们所修纂的经书有的没有署名，有的注明撰写东巴的姓名，如《崇般崇笯》卷末特别标明："这是鲁甸潘瓦许忒山山麓的东巴东阳的经书"。

2. 形制的原生性和凭证性

云南少数民族历史档案的另一个显著特点表现为档案形制的原生性和凭证性，这可以从各少数民族所采用的档案书写载体材料制作方式和外形特征得到充分论证。云南各少数民族的居住地理环境不同，所以他们所采用的档案载体材料也存在差异，如傣族就利用自身的民族文化传统和当地的植被环境，使用大量的贝叶作为书写材料；而彝族主要居住在云南边远山区，石质材料比较容易获得，因此产生了极其丰富的碑刻、摩崖档案。除了上述贝叶、石质材料之外，各少数民族还采用了草纸、宣纸、棉纸、树叶、兽皮、麻纸、禽骨、竹片、木板、布帛、青铜器皿、陶片等各种类型的档案载体材料。

3. 载录的原生性和凭证性

云南少数民族历史档案是各少数民族在社会实践活动中形成的，所记录的大多是他们的思想、观点、立场、意志及当时所发生的各种事件与存在的历史事实，反映了各少数民族社会实践活动的真实历史面貌，因而朴实可靠，是一种真实记录少数民族社会历史发展状况的凭证性档案材料。如玉溪市民委收藏有一部收集于新平县平甸乡昌沅村的彝文《尼祖谱系》，该谱系传抄于清光绪二十年（1894年），以图腾为"白勒"的方姓彝族家支洪荒以前的父子连名谱、洪荒以后的父子连名谱、后来的夫妻连名谱及死而断谱续者名谱约102代连名谱系为线索，系统地记载了尼祖彝族支系从彝族祖先的起源、六祖分支、祖宗迁徙发展、清代中叶改汉姓为方氏到定居新平平甸乡尼祖村的家族历史发展情况，对家庭主要成员的生平业绩、配偶子女和该支彝族在历史过程中的生产、生活状况以及祭祖祭谱情况详加述及，对研究滇南彝族历史源流及社会经济发展状况有重要的档案查考价值。

第二节 云南少数民族历史档案数字化建设相关问题阐述

一 云南少数民族历史档案的数字化

数字化是指把一切信息都变成只用 0 和 1 这两个数字组成的、用不连续的数位表示的二进制代码。云南少数民族历史档案数字化是指为了使文字档案、图像档案等以传统载体形式承载的档案信息能够通过计算机与网络进行管理和提供利用，而利用高速扫描技术、数据压缩技术等信息处理手段，将其进行转换处理，形成数字信息，并以数字代码方式存储起来。这些数字信息可以通过计算机进行操作处理，通过网络进行传输。纸质档案、图像档案，以及甲骨、金石、简牍、竹简、木刻、瓦书、陶书等各种载体的档案都可以以文本文件格式、图像文件格式、音频文件格式或视频文件格式转换成数字信息。

（一）云南少数民族历史档案数字化的重要性

数字化是现代信息技术首要的技术特性，比特被人们视为"信息 DNA"，用它可以表示所有的信息。云南少数民族历史档案信息资源的数字化是云南少数民族历史档案数字化建设的基础和必要条件。传统载体承载的档案信息必须经过数字化处理，也只有经过数字化处理，方能通过计算机存储和操作，并通过网络进行发布，以使档案信息经济、快速地传播，高速、高效地被利用，最大限度地满足社会公众对档案信息的利用需求，从而提高管理效率，提高服务效益。

云南少数民族历史档案数字化还可以加强对档案原件的保

护。这些历史档案非常珍贵,有的甚至是稀世珍宝,价值连城。这些档案需要精心保管,有些档案馆将其藏于特藏室,享受特殊待遇。比如,中国第一历史档案馆的舆图库,保管着包括天文、地理、寺庙、行宫等13大类1万多件的舆图档案,有明代的海防图、清代的疆域图、世界地图等,既有宫内内务府和军机处绘制的,也有外国传教士绘制的。中国第一历史档案馆一直将这些珍贵的档案实行单独保管。① 这些档案若以原件提供利用,极易遭受破坏,因而只能以复制件提供利用。而数字化技术可以真实地再现原始档案材料的风貌,在各种复制方式中具有无可比拟的优势。将档案原件进行数字化处理后,即可将其妥善地保存起来。经过数字化处理的档案易于复制,便于提供利用服务,能为利用者提供与原件具有同等功效但更为便捷的利用方式。

（二）云南少数民族历史档案数字化的实现

对于不同类型与层次的档案信息,实现数字化的方法应有所区别。

对档案内容信息进行数字化,包括对档案内容的原生信息进行数字化和对档案内容的派生信息进行数字化。对档案内容的原生信息进行数字化,即对档案全文进行数字化,是数字化工作的主体部分。档案数字化建设需要尽可能多的档案全文信息,以真正发挥数字档案信息的功能。档案内容信息的数字化,可以依靠手工录入,也可以对档案原件进行扫描之后通过光学字符识别技术（OCR）进行识别,还可以通过缩微胶片转换。这类信息多以文本方式存储,以节省存储空间,便于进行全文检索。对档案

---

① 任仲:《来自特藏室建设的调研报告》,《中国档案》2003年第6期,第36~40页。

目录等档案内容派生信息进行数字化,主要依靠手工录入。手工录入方法有键盘录入、手写识别、声音识别等。这类档案信息数字化后一般是存储在数据库中,其数字化的实质是向档案信息数据库中输入数据。

对档案形式信息进行数字化,有两种情况:一种情况是对档案外在形式和特征进行描述,生成派生信息,然后进行数字化;另一种情况是,对于多数少数民族历史档案和珍贵档案,数字化过程中可能要求其外在形式与内容紧密结合,保持其原汁原味的面貌。在此情况下,可对档案原件进行扫描,或用数码相机进行数字照相以获取高分辨率的真彩色图像。扫描或照相后以图像文件格式进行存储,这样可以原原本本地再现档案的原始形态。对于声音、影像等形式的多媒体档案,要通过专门的处理设备和相应的计算机处理软件将其从模拟信号转换为数字信号,以音频文件、视频文件格式进行存储。

对数字信息进行存储之后,还要对其进行相应的后期整理,以加强档案信息数字化的质量控制,确保数字档案信息的可用性。后期整理的内容一是进行质量检查。如对通过扫描得来的图像进行检查,查看其是否保持了档案的原貌,字迹是否清楚不失真,亮度是否适当,有无错扫、漏扫,图像质量有问题的要确定是否重新扫描等。二是进行数据整理。对作为文件存储的数字档案信息要准确标示文件名称,将存储文件与档案信息数据库中相关记录进行连接。这是档案信息管理系统及检索系统的前处理内容之一,是直接关系到管理与利用的速度和效率的重要环节。数据整理是一个比较烦琐的工作,可以开发相应的计算机系统以减轻进行数字化处理工作人员的劳动强度,确保数字化的质量。三是对存储载体进行检查。对作为存储载体的磁盘或光盘应进行质量检测，并确认无病毒，确保文件内容的完整和准确。四是对数字档案信息进行备份，以确保档案信息安全，避免文件遭破坏后使所做的工作付之东流。

二　云南少数民族历史档案数字信息资源的特点

（一）存储介质的高密度性

数字档案信息资源可以将传统的云南少数民族历史档案中的文字、图像融合在一起，利用数字技术进行制作，存储在光盘、磁带或硬盘等载体上。这些载体的存储密度大大高于以往各种载体的存储密度。随着计算机技术的不断发展，电子介质的存储密度还在以难以想象的高速度继续加大。DVD单层碟片的存储容量达到25GB，双层碟片的存储容量则达到50GB以上。一般情况下普通的只读光盘可存储3.4亿个文字，一张高密度只读光盘的存储量则更为巨大。把一个档案馆的全部档案放在几张光盘里已不再是神话。

（二）多种媒体信息的集成性

数字档案信息运用多媒体技术把各种形式的信息，包括视频、动画、音频、图片、文本、表格等加以有机的立体组合，具体、生动、全方位地向用户展示主题，用户可以更加深入细致地了解所需信息的内容及其特征，使人机之间的关系更融洽，达到自然对话，形成文本、图形、图像和声音并于一体的人机界面。

（三）传播方式的快捷性

数字档案信息以网络作为主要的传播媒介，利用网络实现同步传输，不仅传播的速度大大提高，传递的信息量也超过了传统的纸质档案。"一个数据库的容量通常是以GB或TB为单位计算的，正常速度下，从网上下载一篇几千字的文献最多只需要1分钟左右的时间。"①

（四）组织形式的多样化

传统云南少数民族历史档案的组织方式主要是纸质档案文本信息的组织，表现为手工编制的档案目录、档案索引、档案汇编及综述等形式。即使是使用计算机信息技术，所处理的依然是二次档案信息，事先必须费时费力地进行烦琐的人工著录、标引等工作。在网络环境下，档案信息的多元化格局使得档案信息组织的对象也多元化，且对档案文献的信息描述不仅仅是对文献管理特征的浅层描述，而是深入到知识单元、信息单元的深层描述。传统专业化、规范化的档案信息组织方式已无法处理网络中复杂的信息，并直接影响到网络功能的发挥。传统的云南少数民族历史档案组织方式将很快被新的组织方式所取代，如主页式、自由文本式、超文本式、超媒体式、数据库式、联机目录式、电子商务式等。数字档案信息资源的组织方式呈现多样化的特征。

（五）数字档案信息检索的智能化

随着计算机技术的发展，信息检索从对精心设计的短记录（目录、索引或摘要）的查找，发展为对大量馆藏中每一个信息的全文查找。云南少数民族历史档案数字信息资源除了采用高度规范的检索语言外，还将采用先进的智能化技术。

（六）数字档案信息的虚拟性

云南少数民族历史档案数字信息资源具有虚拟性，是因为数字档案信息的载体是电子载体。电子载体使用光、电、磁等技术，通过物理变化和能量转换等复杂过程来记录信息。这样，信息所依附的载体不具有固定的物理形态，信息易于在不同的载体

---

① 肖珑主编《数字信息资源的检索与利用》，北京大学出版社，2003，第4页。

间流动，对具体物理载体、物理过程和空间位置的依赖性大大减少。

电子载体保存的信息采用数字化的方式，即以"0"和"1"组成的二进制数字序列来进行存储和利用。数字化的信息既可以寄生于任何适当的载体之上，又可以在不同的载体间流动，而所代表的内容不会发生变化。此外，数字档案信息与网络相连接，尤其是与互联网相连接，使保存在网络结点上、电子载体上的信息得以在全球网络的范围内自由流动。

数字档案信息的虚拟化，并不是完全取消真实的物理载体。电子载体、网络以及支持信息存储和运行的一切设备都是真实的物理载体。所谓的档案信息资源的虚拟化，只是由于信息载体发生了某种变化后，信息对载体的依赖性减弱，信息的流动性和相对独立性加强。

(七) 数字档案信息的共享性

数字档案信息资源的共享性是指数字档案信息资源可以为多用户所共同使用的特性，即："将一定范围的档案机构共同纳入一个有组织的网络中，各档案机构之间按照互利互惠、互补余缺的原则进行一种协调和共享档案资源的活动。其形式有馆际互借、参考咨询、编制联合目录等"[①]。在信息资源的使用中，利用者彼此之间不存在直接的制约作用，同一信息可以同时被不同的使用者所利用。数字档案信息的这种共享性为其在社会经济生活中更有效地发挥作用奠定了基础。

(八) 数字档案信息的复杂性

云南少数民族历史档案信息资源种类丰富、载体形式多种多

---

① 于淑琴：《档案资源共享与知识产权保护》，《兰台世界》2000年第4期，第14页。

样，各少数民族形成的历史档案语言文字各异。由于云南少数民族历史档案本身的这种复杂多样性，造成了云南少数民族数字历史档案信息也同样具有复杂性，数字化的云南少数民族历史档案在语言文字上存在多样性，而且记录格式也比较多样且不规范。同样，云南少数民族数字历史档案信息不仅有文字的，还有声音的、图像的等。因此，云南少数民族数字历史档案信息与普通的数字档案信息相比，存在较大复杂性。

三 云南少数民族历史档案数字化建设的内容

(一) 云南少数民族历史档案数字化硬件建设

云南少数民族历史档案数字化硬件建设包括云南少数民族历史档案信息资源建设和数字化基础设施建设。

1. 云南少数民族历史档案信息资源建设

（1）馆藏档案数字化。云南少数民族历史档案是研究云南各少数民族社会发展的重要信息资源，在数字化建设过程中，数字化主要就是对现有馆藏档案中珍贵的、利用率较高的、易受损的档案进行数字化转换。

要做好原始馆藏云南少数民族历史档案的数字化工作，在开展馆藏档案数字化工作之前，应该要做好档案的优化工作。对原始馆藏档案进行数字化应该有选择地进行，不同的档案馆可以根据自身的情况选择不同的标准。一是将传统载体的档案目录进行数字化，档案目录数字化的主要工作是对载体档案进行编目，并将目录信息录入计算机，建立档案目录数据库。这是云南少数民族历史档案数字化建设最基础的工作。二是将档案内容进行数字化。这需要对本馆馆藏进行认真分析研究，确定本馆的特色档案、核心档案并根据馆藏基础，选择这些特色档案和核心档案进

云南少数民族历史档案数字化建设

行全文数字化。可以根据定期或不定期的统计结果分析哪些是利用率较高的档案，并将其优先进行数字化；还可以针对档案利用对象的需求来选择馆藏档案进行数字化，尤其是一些专业利用者不再满足于一般性的服务，而要求提供综合性强、全方位的档案信息服务。在确定了数字化的对象后，运用计算机信息技术，对各种载体形式与记录方式的原始馆藏档案进行数字化转化。

（2）散存档案的数字化。散存档案的数字化是对社会上散存的云南少数民族历史档案进行数字化整理，如历代名门望族的谱牒，名人的日记、手稿、珍贵照片、历史地图等。这些云南少数民族历史档案已成为数字化建设信息资源的另一重要来源。

（3）网络信息资源的获取。档案信息资源的建设还包括对网络上发布的与云南少数民族历史档案有关的数字档案信息的发掘、开发和利用。由于网络上的数字档案信息数量浩大、种类众多、涉及范围广泛，且大多杂乱无章，普通用户缺乏专业的检索技巧，要耗费大量时间和精力才能准确地找到所需的数字档案信息，深层次开发与利用网络上发布的数字档案信息更是难上加难。为了解决这种网络信息获取难的问题，我们需要做好两方面的工作：一是要科学、有效地组织网络上的数字档案信息，使原本杂乱无章的数字档案信息变得有序化，从而让用户便捷准确地检索到自己所需的数字档案信息；二是直接通过网络采集云南少数民族历史档案数字信息资源，根据用户的不同需求，按照档案的内容和性质进行专题分类、整合，并建立网络云南少数民族历史档案数字信息资源主题指南，形成可以提供利用的二次云南少数民族历史档案数字信息资源。为了把数字档案信息检索提供服务与信息咨询研究开发服务统一起来，我们可以在网络环境下建立完善的信息集成服务体系并开展信息集成。如同纸质档案一

32

样，网络档案信息资源需要经过收集、整理、著录、保藏等工作环节，但与纸质档案信息资源相比，网络数字档案信息的收集、整理、著录、保藏工作都相对困难和复杂得多。网络数字档案信息的管理给数字化工作人员提出了很高的要求。

2. 云南少数民族历史档案数字化基础设施建设

要实现云南少数民族历史档案数字化，就要利用数字化技术将其他形式存储的信息资源转化为计算机可识别的二进制代码形式。为此，档案信息收集整理、加工编目、存储管理、利用方式都将会发生变化，需要借助计算机网络信息技术实现有效管理和利用数字化信息资源。云南少数民族历史档案的数字化建设将使档案馆由传统库房向虚拟数字档案馆转变，档案库不再是一个物理存在的库房，而是一个虚拟的档案信息管理数据库。根据云南少数民族历史档案数字信息资源的管理功能需要，数字化基础设施建设不再像传统档案馆一样仅仅局限于库房建设，而是要建设大规模并发用户的访问服务管理系统和大容量的分布式资源数据库。此外，还需要配置路由器、大型高速交换机、并行处理的高性能服务器、光端设备、便于扩充的规模型集群系统、高可靠性的信息安全系统、数据库管理系统、智能城域网系统、操作系统以及其他相关系统等。在建设中我们必须要考虑安全和保密的问题，网络的组建要实行馆内网、公众网、政府专网的物理分离，馆内网与公众网和政府专网可以通过如 DVD、MO 或硬盘等脱机存储设备来实现数据的交换。[①] 基础硬件设施主要包括服务器、档案数字化加工设备、网络设备以及其他支撑设备等，具体如表 2-1 所示。

[①] 李国庆主编《数字档案馆概论》，中国档案出版社，2003，第 130 页。

表 2-1　云南少数民族历史档案数字化基础设施

序号	项目	设备
1	数字化与输入设备	平板 A3 扫描仪 平板 A4 扫描仪（高档） 大幅面扫描仪 快速扫描仪 缩微胶片扫描仪 彩色胶片扫描仪 视频数字化设备 数码相机 数码摄像机
2	网络平台	交换机 路由器 防火墙系统 高速 MODEM 配线柜
3	计算机	数据服务器 WEB 服务器 应用服务器 客服 PC 机
4	存储设备	磁盘阵列 SAN NAS 光盘 磁盘 磁带
5	编辑设备	非线性编辑系统 录像机 放像机 虚拟现实设备

续表

序　号	项　目	设　备
6	输出设备	视频输出设备 大幅面彩色喷墨打印机 A3 彩色激光打印机 A3、A4 激光打印机 A4 喷墨打印机
7	电源	UPS

（二） 云南少数民族历史档案数字化软件建设

1. 技术建设

云南少数民族历史档案数字化有严格的要求，不仅要求数字化后充分保证云南少数民族历史档案的原始性和真实性，而且要求云南少数民族历史档案的安全和保密。它对服务对象有一定的限制，并不是任何人都能随便利用云南少数民族历史档案信息。为了维护云南少数民族历史档案数字信息资源的真实性和原始性，我们必须采取有效的安全保密措施，保证安全使用数字档案信息资源，并与用户的使用权限相符，做到既保护数字档案信息又不妨碍开发利用数字档案信息。一般我们可通过制定严格的管理制度和安全技术保证两种措施来解决这一问题，其中安全技术的保证最为关键。由于对数字信息处理技术有较高要求，云南少数民族历史档案数字化就不得不解决一些特殊的问题，因此，必须开发和应用一系列信息技术，如智能化检索、身份鉴别、信息隐蔽、电子签章、数字水印、信息加密、操作跟踪等。受密级和时效的限制，云南少数民族历史档案数字信息的一部分内容不能立即向社会公开，在网络组建时我们必须分别建立系统内部网和外部网。

云南少数民族历史档案数字化建设需要以下一些关键技术。

首先是数字化生成技术。数字化生成技术是最基础的技术之一，包括信息扫描技术、识别技术、图像处理技术、音频转换技术等，为在档案管理过程中对海量的原始资料、数据进行数字化提供了重要途径。其中，信息扫描技术就是通过扫描仪将光学信号转变成电信号，把档案信息快速输入计算机从而获得档案的图像信息。识别技术是一项具有人工智能性质的高新技术，即通过计算机实现人的模式识别能力。识别的过程就是对输入的信息进行取样、量化、特征提取、选择、分类决策等，以达到对目标进行识别的目的。它在档案管理领域内的重要应用，突出表现在文字识别（OCR）和条码识别等方面。图像处理技术，就是对图像信息进行加工以满足人类视觉心理或应用需求的技术。图像处理的手段有光学方法和电子学（数字）方法。音频转换技术就是对模拟的声音记录进行数字化转换和处理，以便提高音频质量，并实现音频的长久保存和利用。

（1）OCR 是英文 Optical Character Recognition 的缩写，意为"光学字符识别"，也可简称为"文字识别"，实际上是让计算机识别文字，是一种文字自动输入方法。它通过扫描和摄像等光学输入方式获取纸张上的文字图像信息，利用各种模式识别、分析文字形态特征，判断出汉字的标准编码，并按通用格式存储在文本文件上。所以，OCR 是一种快捷、省力的文字输入方式，也是在文字输入量大的今天，被人们广泛采用的输入方式。条码识别则是利用条码这种用许多线条排列而成的编码系统来存储和传递信息。

（2）高容量、高性能的存储技术是数字化档案数据海量储存、管理的基础，是档案信息资源数字化的关键技术之一。档案信息资源的数字化一方面要采用数据压缩技术将大量的数据存储、压缩在一个较小的存储空间内；另一方面，要开发容量大、性能好的存储介质、存储设备及存储技术进行信息存储和管理，如采用大容量的磁盘阵列、光盘库技术等，为数字档案馆海量数据的存储提供有效的解决方案。在存储技术中最重要的就是XML技术。XML（eXtensible Markup Language）叫可扩展置标语言，在数字化档案数据管理中占有重要位置，用这种语言来组织管理数据，能够实现通用、开放、生命周期长等目标。XML本身不是一个单纯的置标语言，它是一种元语言（Meta-language），可以被用来定义任何一种新的置标语言。XML可以用来创建新类别文件的格式定义，也就是在XML之中能够创造出很多不同的置标语言，用来定义各种不同的文件类别。

（3）XML技术在档案管理系统中的应用可以解决数字档案信息浏览、阅读和存储对原有软件、硬件的依赖性问题，可以保持归档电子文件保存格式的多样性，可以保证数字档案的真实、完整和长期可读等。

（4）存储技术中的另外一个重点就是数字档案的压缩。数据压缩是在不改变数据特性的条件下，缩减数据量，以提高存储密度，节约存储空间的技术。数据压缩一般由两个过程组成：一是编码过程，指将原始数据经过编码压缩，以便于存储与传输；二是解码过程，指对编码数据进行解码，还原为可方便利用的数据。以解码后的数据是否同原始数据相一致为标准，数据压缩可以分为"可逆压缩"和"不可逆压缩"两种类型。"可逆压缩"解码后的数据同原始数据严格相同，压缩是完全可以恢复或没有偏差的；"不可逆压缩"解码后的数据同原始数据存在一定误差，但是效果一般是可以接受的。

（5）智能化信息检索技术，是数字档案信息资源开发利用的重要环节。智能化信息检索技术包括自动分类检索、关键词检索、全文检索、多媒体检索、数字仪表板检索等。

（6）自动分类包括自动聚类、自动归类和类号的自动转换三部分。自动聚类是从待分类对象中提取特征，然后将提取的全部特征进行比较，再根据一定的原则将具有相同或相近特征的对象定义为一类，并设法使各类中包括的对象大致相同；自动归类是分析被分类对象的特征，并与各种类别中对象所具有的共同特征进行比较，然后将对象特征最接近的划归为一类并赋予相应的分类号；类号的自动转换是指关键词检索技术，就是对档案文件的关键词进行检索，关键词是为了便于做文献索引和检索而选取的能反映文件主题内容的词或词组，一般每篇选3~8个。全文检索是以数据的所有类型，如文本、声音、图像为处理对象，提供与资料内容而不是档案外部特征相符的信息检索方法。它能够提供高效率的数据管理工具和方便快捷的数据查询方法，帮助用户整理和管理大量档案资料，并且能让用户很容易和迅速地找到自己所需要的信息。多媒体检索，是使计算机成为一种可以作用于人的各种感知能力的媒体，它聚集了多种媒体表现形式（如文字、声音、图片、动画、视频等）来传输信息，打破了传统文字媒介、声音媒介和视觉媒介之间难以逾越的鸿沟。[①]

（7）信息的安全保护对于任何信息化建设都是十分重要的，尤其是数字档案信息，其中有许多是非常重要及需要保密的。因此必须采取有效的手段保护数据，防止以任何形式非法获取信息。例如，可以通过对必须保密的档案数据进行加密，保证只有被收纳的用户才能获取。对数字档案保护的安全措施有加密技

---

① 李国庆主编《数字档案馆概论》，中国档案出版社，2003，第170页。

术、数字水印技术和身份认证技术。所谓加密，就是将正常情况下可读懂的文件数据输入密码机，由密码机变成不可读懂的乱码，即将"明文"变成"密文"。所谓解码，就是上述过程的逆过程，即将"密文"变为"明文"。数字水印技术是近几年来国际学术界兴起的一个前沿研究领域，它与信息安全、信息隐藏、数据加密等均有密切的关系。数字水印就是插入原始的数据图像或音频流的一段数字信息，用来标识版权或用户的信息。同时，数字水印也可以被用于数字签名，是实现版权保护的有效办法。身份认证是身份识别和身份鉴定两项工作的统称。身份识别是指用户向系统出示自己身份证明的过程；身份鉴定是系统核查用户身份证明的过程，实质上是查明用户是否具有其所请求资源的存储和使用权。这两项工作是判明和确认通信双方真实身份的两个重要环节，是授权控制的基础。身份认证必须做到准确无误地将对方辨认出来，同时还应该提供双向的认证，即：相互证明自己的身份。身份鉴别技术是计算机内部安全保密防范最基本的利用服务措施，也是计算机安全保密的第一道防线。这种技术对终端用户的身份进行识别和验证，以防止非法用户闯入计算机。

2. 利用服务建设

云南少数民族历史档案数字化建设的最终目标是面向社会提供档案利用服务，无论是出于工作需要还是学术研究的需要，无论是出于处理私人事务还是公务活动的需要，云南少数民族历史档案数字信息资源都可以满足。云南少数民族历史档案数字信息资源凭借局域网、政府网和互联网进行数字信息的传递，提供数字信息服务。凡具备计算机终端和电子通信网络应用条件的机构、组织和个人，都属于数字档案信息服务的对象。但其服务对象的重点是党和国家机关，对社会公众则要区分不同的对象，提供不同层次的服务内容,有些可向用户提供档案的全文信息,有些仅给用户提供档案的目录信息,有些只提供档案的简介和概况介绍;有些信息用户有权限下载,有些信息只允许用户在线阅读。这种服务方式和权限的不同,不取决于支付费用的多少,而在于涉及机密文件,不同的目标客户有不同的权限。

3. 数字化安全建设

由于一部分档案信息涉及国家机密、个人隐私或者档案形成者的自身利益等,所以云南少数民族历史档案信息具有一定的保密性。除此之外,档案信息还具有时效性,即不能随便对公众公开,只有到一定时限才能对外公布。因此,鉴于档案的机密性和时效性,这部分云南少数民族历史档案数字化后也不能立即向用户公开。这在一定程度上给云南少数民族历史档案数字信息的网络公布造成了信息技术上的困难。"例如身份不同的利用者利用档案的权限范围是不同的,如果在网络上开通全文检索,就面临着要么对涉密档案信息进行全面封锁,要么就对用户进行严格的身份鉴定,严格控制用户的利用权限。"[1]

因此,必须有一系列特定的严格安全保密措施,这些保密措施包括物理安全、网络运行安全、信息安全保密和安全保密管理四个方面。

(1) 物理安全。为了避免由于自然灾害、环境事故、人为错误操作或失误及以各种物理手段进行违法犯罪行为而导致网络设备、设施、媒介和档案信息遭受损毁、丢失,云南少数民族历史档案数字信息管理系统要能够维护介质、设备和环境的安全。

---

[1] 毕建新:《数字档案馆的信息服务》,《中国档案》2003年第3期,第20~21页。

物理安全防护措施主要有监控报警系统、门控系统和区域保护措施等。

（2）网络运行安全。为保障网络功能的安全实现，数字档案信息管理系统需要具备备份与恢复、计算机病毒防治、电磁兼容等功能。数字档案信息管理系统的主要设备、软件、数据、电源等应有备份，并有技术和组织措施，能在较短时间内恢复系统运行。

（3）信息安全保密。云南少数民族历史档案数字信息安全保密是指数字档案信息管理系统的数据、软件、硬件不能因为偶然或恶意的原因而遭到破坏、更改、泄露，在任何情况下都要受到有效保护，使系统保持正常运行状态，数字档案信息管理系统的安全保密包括完整性、保密性、抗抵赖性和可用性等技术指标。数字档案馆系统需要采取多种安全保密技术和措施，主要有：用户身份鉴定、访问权限控制、信息加密技术、发射防护、信息完整性校验、安全审计、安全保密性能检测、入侵监控、操作系统安全、数据库安全等。

（4）安全保密管理。云南少数民族历史档案数字信息安全保密管理就是对身份认证、物理安全、访问权限控制、安全审计、密钥等进行管理，定期开展安全保密培训和相关教育。制定严格的安全保密管理制度、涉密人员管理制度，对网络用户、网络资源及安全保密产品进行统一管理。

(三) 云南少数民族历史档案数字化制度建设

1. 法制建设

法规是云南少数民族历史档案数字化建设的依据，目前与云南少数民族历史档案数字化建设和运行直接相关的法律法规还没有制定发布，但《中华人民共和国档案法》（以下简称《档案法》）中明确规定"各级各类档案馆……应当……采用先进技术，实现档案管理的现代化"，这就为云南少数民族历史档案数字化的建设提供了法律依据。云南少数民族历史档案数字化建设存在于复杂的社会、经济、法律环境之中，在其建设和运行过程中涉及的法律问题很多，既有国内的，也有国际的，既有档案方面的，也有计算机等其他方面的，如知识产权、通信、隐私、国家安全、网络安全等。

2001年国家档案局制定发布的《档案管理软件功能要求暂行规定》为云南少数民族历史档案数字化系统功能设计和有关数据格式要求提供了初步的法规依据。当前急需制定与云南少数民族历史档案数字化建设和运行有关的法律法规，在《档案法》中明确数字档案馆及其数字档案的法律地位；国家档案行政管理部门制定出台电子文件归档管理办法、数字档案管理办法，明确数字档案向数字档案馆移交的时效、方式、格式，数字档案的保管期限等；数字档案馆建设设计规范，明确数字档案馆涉及的总体结构、功能要求、安全保证、管理制度、载体保管要求等。

2. 数字化技术标准建设

数字档案信息资源是信息时代的产物，其建设和运行的技术含量与传统档案相比非常高，而且为了使数字档案保存长久、可读、共享，数字档案信息管理系统的设计和建设必须符合相关技术标准。从某种意义上讲，没有标准化，就没有现代化，标准化是数字档案信息的生命线。档案信息数字化建设所要设置和遵循的技术标准主要分为两个方面：一是设计开发数字档案信息管理系统软件所要遵循的相关技术标准，主要是有关计算机软件设计；二是有关数字档案的标识、存储、交换、管理等方面的技术标准。

（1）数字档案信息管理系统软件设计需要遵循的相关技术标准主要包括：GB 2312-1980《信息交换用汉字编码字符集基本集》、GB 18030-2000《信息技术和信息交换用汉字编码字符集基本集的扩充》、《机读目录格式（MARC）》、《中国机读目录格式（CNMARC）》、《ISO/IEC11179元数据的规范和标准》、《可扩展置标语言（XML）》、《ISOZ39.50检索协议》、《标准置标著录（EAD）》、《资源描述框架标准（RDF）》等计算机程序设计通用标准、计算机网络安全管理等方面的标准。

（2）有关数字档案信息的著录、存储、交换、检索、管理等方面的标准主要包括《中国档案机读目录格式》《电子文件归档与管理规范》《网站资源归档与管理规范》《归档电子文件正式兴建定规程》《纸质、缩微、录音、录像档案数字化技术规范》《档案管理网络安全测试规程》《数字档案元数据标准》等。①

---

① 杨公之主编《档案信息化建设实务》，中国档案出版社，2003，第170页。

第三章 云南少数民族历史档案数字化建设的必要性与可行性

第一节 云南少数民族历史档案数字化建设的必要性

一 信息技术革命对档案工作的影响要求进行数字化建设

以计算机技术为龙头的信息技术革命,给整个社会带来革命性的变化,对我们生活的方方面面,包括政治、经济、军事、文化等领域都产生了深远的影响,对档案工作同样也产生了深刻而广泛的影响。

(一)对档案形式的影响

数字技术就是把广播信号、电视信号以及存储于磁带、磁盘、光盘的任何形式的传统信息全部进行数字化处理,使一切信息网络、信息处理设施、存储装置上的信息统统成为数字化信息。随着数字技术、计算机技术的迅速发展,数字文件大量产生。这一新的文件形式是通过"0"和"1"来记录信息,这种

第三章　云南少数民族历史档案数字化建设的必要性与可行性

数字信息以磁性材料或光学材料为保存载体，将这些具有保存价值的数字文件归档后就形成了数字化档案。从古代的纸质档案、甲骨档案、石刻档案到缩微档案，其保存载体和记录内容都是不可分割、融为一体的，而数字档案信息与传统介质的档案相比，具有易保存、易传输、虚拟性等特点，这些特点给云南少数民族历史档案数字信息资源管理带来了很大的便利，同时又增加了管理的难度和复杂性。

在信息化时代，随着大量数字档案信息的产生，以纸质档案为主的传统档案将逐渐被数字档案所取代。档案将以数字化档案为主要形式存在，并且各种传统介质的档案也将以数字化形式存在，被转化为二进制数字代码形式存储起来。信息的保管、存储由过去的纯纸质保存向数字化、信息化与纸质兼容的方向发展。

（二）对档案工作人员的影响

1. 对档案工作人员观念的影响

在信息技术革命条件下，档案工作人员的思维方式随着现代科学技术的发展，将发生一系列变化。

与过去相比，档案馆将出现虚拟与实体并存的状况，它将不仅仅是一个实体保藏机构。与传统档案馆的实体存在方式不同，数字档案馆则以虚拟化方式存在，它是一个有序的信息空间和资源共享的信息环境。档案馆的工作中心将由传统的以馆藏为主向以用户为主转变，需要研究不同用户的不同特点及不同需求等。

过去在档案管理长期实践中形成的传统档案管理理论与方法对数字化档案的管理将变得不完全适用。例如，传统档案管理的重要原则——集中制原则，是我国档案界一直坚持的管理原则，在数字档案的管理过程中受到了严峻的挑战。对于数字档案管理来说，究竟是集中制原则好，还是分散式保存好？从中外图书情报界数字信息的管理和国内外档案界数字档案的管理实践经验来看，大部分专家认为应该实行分散式管理，这也是目前网络信息资源管理的一种通用模式。数字化建设要求档案工作者从传统的劳动密集型向技术密集型方向发展，档案信息的传输由过去的点对点无线通信向网络化、社会化方向发展，信息的保管、存储由过去的纯纸质保存向数字化、信息化与纸质兼容的方向发展。这要求档案工作人员经历从形式到观念、思想的一次巨大转变，要求档案工作者用发展的眼光研究档案数字化建设本身，还应研究如何运用数字化，发展数字化。档案数字化需要先进的理念来支撑，只有正确区分数字化档案与传统介质档案的不同特征，扬弃传统管理方法，建立适合数字化档案管理的新理论与新方法，才能促进云南少数民族历史档案数字化建设朝着健康、正确的方向发展。

2. 对档案工作人员素质的影响

云南少数民族历史档案数字化建设首先意味着多媒体技术、计算机信息技术、现代网络通信技术、数字化技术等在档案管理领域的广泛应用，而这些相关信息技术在过去的传统档案管理中是很少用到的。即使随着20世纪末期档案管理信息化的发展，越来越多的档案工作人员学会使用计算机等信息技术，但是与目前档案数字化建设的要求相比，仍然存在很大差距。同时，与传统档案相比，数字档案信息资源的收集、整理、鉴定、存储、保管、检索、利用、传递、销毁、统计等所有具体业务工作环节都发生了根本性改变，档案管理者不再是单纯意义上的档案保管者，他们所担当的社会角色也随之发生重大变化。除了具备传统的档案管理知识，他们还应当熟练地管理数字档案信息资源，准确分析和组织数字档案信息资源，并积极指导用户充分利用数字

第三章 云南少数民族历史档案数字化建设的必要性与可行性

档案信息资源,成为数字档案信息资源利用的导航者。随着档案工作人员担任角色的转变和现代档案信息化技术的发展,必将要求档案管理者不断调整知识结构,拓宽知识面,深入学习专业知识和业务技能,并有显著的提高,才能胜任档案数字化工作。

档案从业人员必须努力学习和掌握数字化技术、信息技术、网络技术以及相关信息技术知识等,不断提高自身的综合业务素质,以便更好地适应档案数字化管理的需要,进而适应现代信息化管理的需要。

(三) 对档案管理方法的影响

与传统档案馆的实体物理管理工作不同,云南少数民族历史档案数字信息的管理则是一种虚拟的逻辑管理。传统的档案管理,一般只能从单一或很少的几个角度来体现档案信息的有序化,而数字档案管理,可以从任何一种角度来显示档案信息的有序化。可见,信息技术革命对档案管理方法的影响也是巨大的。

1. 要求档案管理自动化

对于传统档案管理,编目、检索、标引、统计等档案业务工作主要是通过手工作业完成。而对于云南少数民族历史档案数字信息的管理,这些基本的业务工作都是通过计算机自动实现的。如果不实现计算机自动处理,还依靠人工完成,档案数字化建设就成了一句空话,也就无法实现真正意义上的数字化档案管理。

2. 要求信息传输网络化

传统的档案利用服务一般只限于特定的物理空间,几乎没有超出馆址的空间传输过程,通常是利用者到档案馆(室)等特定的场所去查阅、利用自己需要的档案。为了最大限度地发挥数字档案信息传递便利、快捷的优越性,云南少数民族历史档案数字信息的管理、开发和利用，必须充分利用现代网络通信技术，实现档案信息在网络上自由传输。数字档案信息管理系统是一个开放的信息系统，用户可以不受时空和地域的限制进行远程存取，随时随地利用网络进行交流与发布信息。世界任何角落的档案管理部门都可借助互联网形成一个资源共享的档案信息网络，档案用户可以在网络上自由地传输、检索和利用数字档案信息，档案管理部门可向全世界利用者提供24小时不间断的网上服务。

3. 要求信息组织标准化

数字档案的产生改变了传统载体档案信息的组织方式，使档案信息转变为计算机上网状的、直接的组织方式。这种组织方式不仅提高了档案的检索效率，还便于用户检索。因此，为了使档案数据库中的信息资源保持有序化，防止杂乱无章的信息带来检索和利用的不便，数字档案信息的组织必须遵循标准格式。例如，数据挖掘技术、数据仓库技术、数据打包技术、数据推进技术等信息技术的应用，都离不开信息组织标准化。

总而言之，信息技术革命不论给现代档案工作者还是档案管理工作都带来了深远的、不容忽视的全方位影响。数字化档案是现代计算机技术、数字技术、网络通信技术迅猛发展的必然产物，档案数字化是未来档案工作发展的一个方向。信息技术革命虽然对云南传统少数民族历史档案管理工作提出了严峻的挑战，但是它也为云南省开展少数民族历史档案数字化建设带来了机遇和希望。面对信息技术带来的挑战和发展机遇，云南省各级档案部门和档案工作者都要更新思想观念，积极学习和掌握信息技术，并服务于档案管理，使云南省的数字化建设与时俱进，跟上国内外发展步伐，实现少数民族历史档案的数字化管理。

第三章　云南少数民族历史档案数字化建设的必要性与可行性

二　发挥档案的历史价值和现实作用要求进行数字化建设

云南少数民族历史档案是各少数民族在社会实践活动中形成的，所记录的大多是他们的思想、观点、立场、意志及当时所发生的各种事件与存在的历史事实，反映了各少数民族社会实践活动的真实历史面貌。对云南少数民族历史档案进行数字化建设，可以让更多的人了解云南少数民族历史档案的类型、内容构成、保存状况，更好地揭示档案文件材料在云南民族发展史、云南少数民族文化发展史、云南各少数民族变迁史等方面的重大意义，在展示云南少数民族地区状况、制定民族政策、增强民族团结、促进云南少数民族地区发展等方面发挥重要价值。

数字化是少数民族历史档案整理和传播的未来方向，是大势所趋。云南少数民族历史档案数字信息资源以其信息量大、检索快捷方便、不受时空限制等特质，使云南少数民族历史档案使用者的效率大大提高。同时，云南少数民族历史档案的数字化也使许多难得一见的"镇馆之宝"得到新生，为广大学者阅览、研究我国古代少数民族历史档案文献提供了便利。

（一）数字化建设有利于传承和发扬优秀的民族历史文化遗产

云南少数民族历史档案载体种类繁多。彝文古籍除了竹木质以外，还有骨质、金石质、石质、皮书、布帛书及纸质载体材料。骨质载体材料，一般用过之后就丢弃了，几乎没有保留和流传到现在的；皮书比较容易腐烂，布帛书则比较昂贵；金石质档案现今在云南仅仅发现一枚"昭通蛙钮铜印"；石质载体的彝文古籍比较著名的有《普沙摩崖碑》（清咸丰年间）、《罗婺贤代铭》（公元1533年）。纸质载体的彝文历史档案仍是彝文古籍的

云南少数民族历史档案数字化建设

主要部分，大部分的彝文古籍档案主要是由纸质档案流传保存下来的；藏文古籍的载体也是纸质；回族古籍多为绵纸、麻纸、草纸和石质的碑刻铭题；傣文古籍主要记录在贝叶、绵纸和皮纸上；东巴文古籍所用的纸张是东巴们用当地生长的构树或兰毒草等植物制作的厚硬绵纸。历史上留存下来的纸质档案是云南少数民族历史档案的主要构成部分，这些档案文件材料数量多、内容丰富，但由于纸质档案文件材料容易被损坏，加之大部分少数民族历史档案保存在民间，保管条件比较恶劣，许多珍贵的云南少数民族历史档案已经受到损毁。例如，云南省楚雄彝族自治州档案馆收藏的58个卷宗150册彝文古籍、文书中，前残的有18册，占12%；前后残的有29册，占19%；后残的有14册，占9%；严重残损无法修复的有6册，占4%。① 显而易见，纸张作为一种档案的重要载体，有易腐蚀、不易携带、不易保存的局限性，这些局限性制约了纸质历史档案的长久保存。在计算机网络迅猛发展的信息时代，用现代信息技术的方法存贮少数民族历史档案信息资源这块文化瑰宝，使人们能更容易地传输、检索、复制、利用，并实现永久保存，一次输入、多次输出的信息化管理，将促进云南少数民族历史档案的传承与保护。

（二）数字化建设有利于形成特色服务，为研究者提供少数民族文献资源保障

云南少数民族历史档案数字化建设，一方面是为了适应档案学、中国地方民族学、民族文化等学科研究的需要，利用现代化手段为教学科研人员提供第一手具有原始性、权威性，真

---

① 张邡：《关注中国彝文古籍保存现状》，《中国民族》2005年第10期，第63页。

第三章 云南少数民族历史档案数字化建设的必要性与可行性

实可靠地研究云南少数民族历史发展的文献资料；另一方面，可以为党政领导机关科学决策提供信息咨询，为科技扶贫注入活力。数字化后的少数民族历史档案信息不仅可供研究人员从不同的途径进行检索，进行各种统计分析，而且可供网上流通，实现资源共享。

云南拥有璀璨的少数民族文化资源，是民族学等相关学科研究的沃土。在云南，民族学研究成为全国之最，现在民族学的相关研究机构达到30多个，并且拥有大量科技人才，产生了一大批科研成果：1986年，云南大学民族学学科中的民族史专业被批准为云南省高等学校重点学科，1997年被正式列为"211工程"国家级重点学科；"中国民族史"和"云南地方民族文化"两学科也被列为省级重点学科。对云南少数民族历史档案进行数字化，就是为了更好地提供文献保障以支持优长学科研究。

（三）数字化建设有利于发挥档案文件材料的文化价值，弘扬云南少数民族文化

云南少数民族历史档案是各族人民智慧的结晶，其记录的内容包罗万象、内涵广泛，是云南少数民族历史文化乃至中华文化的重要组成部分。部分少数民族历史档案由社会文化名人亲自撰写或制作而成，本身就是一种珍贵的民族文化资源，具有重要的史学价值和文学价值，因此，有着丰富文化内涵的云南少数民族档案是一种重要的文化资源，丰富了云南少数民族文化的内涵和形式。作为民族文化记忆的存储器，云南少数民族历史档案在特定的历史时期形成，依存于当时所处的社会和自然环境，客观真实地记录了各少数民族的发展历程以及各少数民族先民在社会生产活动中所形成的光辉灿烂的历史文化，反映了云南各少数民族在艺术、科技、文化方面所形成的成就，也反映了各民族丰富多彩的社会生活、政治斗争、宗教信仰以及哲学思想等。只有通过对云南各少数民族历史档案的研究，才能认识到各少数民族先民的艰苦发展历程和奋斗足迹，才能更深入地了解云南少数民族历史文化的科学研究价值。云南少数民族历史档案是云南各少数民族社会发展的真实记忆和少数民族历史文化的见证，对云南少数民族历史文化的传承、阐释和重构有着无法替代的作用。

（四）数字化建设有利于开发档案文件材料的科学价值，促进云南经济、文化建设

云南少数民族历史档案内涵丰富、形式多样，内容不仅涉及艺术、文学、宗教等方面，还拥有许多科学知识和珍贵的科学哲理。例如，云南的民族饮食或者民族服饰的制作、民族艺术品加工、金属冶炼等方面的生产技术，都从各个方面显示了云南少数民族先进的生产水平和精湛的艺术工艺，对云南少数民族的社会历史、政治、经济、科技以及生产力发展水平等方面的研究都具有较高的科学参考价值。藏文科技古籍较为典型的有医学文献，是藏族人民在风雪高原上长期与疾病作斗争的经验总结，是我国医药学宝库中的瑰宝，如著名的《藏医医方杂集》《藏医灸方残卷》《月王药诊》等。古代彝族在历史上不断总结生产实践经验，形成、积累了许多珍贵的反映彝族科技成果的典籍文献，内容涉及天文、地理、医学、冶炼、建筑以及农牧业生产的各个领域，有很高的科学价值。今存有《十月兽历》《彝族天文史》《定经纬》等。傣文科技古籍记录了傣族人民在天文学、医学、数学、生产技术等领域取得的光辉成绩，如傣族的数学专著《数算知识全书》《演算法》以及记录农业生产知识的《自然与生产知识全书》《十二月歌》等。

（五）数字化建设有利于发挥档案文件材料的艺术价值，繁荣文艺创作

云南少数民族历史档案载录的诗词歌赋、雕塑艺术、音乐歌舞、民族建筑、绘画艺术等，不但有较高的文化价值，还具有相当珍贵的艺术价值。

另外，云南少数民族历史档案载体材料形式多种多样，不但有羊皮、牛皮、兽骨、纸张、木刻、竹简，还有石碑、石壁，甚至还有陶器、铜器、铁器等，每一种载体都展现了具体历史时期的艺术之美，置身其间，就仿佛在历史文化艺术宝库中游览，不但可以对档案闻声观形，还可以了解各民族过去的生活痕迹，在体验古人实践的艰辛历程和辉煌成就的同时，获得真切的历史感受，得到种种或高昂或沉郁的审美感受。

（六）数字化建设有利于开发民族文化旅游价值，促进云南旅游业的发展

云南少数民族历史档案是指1949年以前云南各个少数民族和各个历史时期的国家机构、官吏在社会实践活动中直接形成的反映云南少数民族政治、经济、军事、历史、科技、文化、宗教和民俗等社会历史情况，具有保存价值的文字、图画和声像等不同形式的历史记录。随着现代社会人们经济和生活水平的提高，云南正在兴起民族文化旅游的热潮。与传统的人文自然景观旅游不同，文化旅游者不再局限于视觉满足，更多的是通过对民族地域文化的直接体验和感悟，来获得深层次的情感享受和精神满足。云南少数民族历史档案对云南少数民族文化旅游的发展具有重要的价值。它通过记录各民族文学、艺术、科学、宗教、哲学以及民俗风情等内容，客观、真实地再现云南少数民族历史文化的奇、特、美。

云南是一个拥有52个民族的多民族省份，旅游资源十分丰富，曾被誉为"植物王国""动物王国""药材王国""有色金属王国""旅游奇境"。研究开发云南少数民族历史档案可以更科学、有序地修建著名旅游景点，开发优异旅游产品，创建旅游服务项目，保护民族生态环境。例如，贝叶经这一著名的西双版纳傣族历史档案的开发研究，可以充分提升"西双版纳"这一旅游景点的品质。贝叶是在西双版纳生长的一种极富观赏价值的植物，用贝叶来书写经文、记录古代傣族人民的生活实践，本身就具有神秘的宗教吸引力，贝叶经的内容包含了傣族先民社会生产的方方面面，形成了傣族特有的民族历史档案。例如，我们可以贝叶经作为西双版纳旅游的主题和形象宣传切入点，让西双版纳的旅游更体现云南少数民族特色文化，增加对游客的吸引力。再如，傣族的土法造纸、制陶、榨糖、纺织、食品及各种工艺品制作等，不单可以为傣族这一少数民族增添浓郁的民族文化色彩，还可以创造价值可观的旅游经济效益。傣族特有的建筑、居住方式可以发展为很有吸引力的家庭旅馆。另外，像傣族的壁画、书法、古乐艺术等，也是值得开发的少数民族旅游文化资源。

三 云南少数民族历史档案的管理现状迫切要求进行数字化建设

（一）有利于保护和抢救云南少数民族历史档案

云南少数民族历史档案分布广泛，保存机构众多，大部分散存于民间。受自然和人为因素的影响，加上保管条件恶劣，许多珍贵的云南少数民族纸质历史档案发霉、受潮、粘连、虫蛀现象极为普遍；大量的石刻历史档案被风化剥蚀，有的被人打碎作为建筑材料，这些珍稀的云南少数民族历史档案如不进行及时保护，随时都会损毁散失。进行云南少数民族历史档案数字化建设，有利于将散存民间的云南少数民族历史档案进行收集和保管，维护档案的齐全、完整与安全，更好地保护和抢救这一优秀的民族历史文化遗产。

（二）便于云南少数民族历史档案的科学管理

现在，云南少数民族历史档案保管机构众多，各部门对云南少数民族历史档案的分类整理方法各不相同，极不利于云南少数民族历史档案管理的规范化、标准化和科学化。云南少数民族历史档案的数字化建设有利于对各部门保管的档案进行统一分类、立卷、编目和检索，实现云南少数民族历史档案管理的科学化，为社会各界提供利用服务。

（三）实现云南少数民族历史档案的社会共享

云南少数民族历史档案作为优秀民族历史文化遗产的重要组成部分，其珍贵的历史研究和现实利用价值已为人们所逐渐认识。进行云南少数民族历史档案数字化建设，可以不受保管条件、保存地域的限制，以各种方便、快捷的网络传输手段向社会提供资料，以实现云南少数民族历史档案的社会共享。

第二节 云南少数民族历史档案数字化建设的可行性分析

由于云南少数民族历史档案数字化建设还处于探索阶段，在现阶段，云南省少数民族历史档案数字化建设在数字化对象的选择、信息采集技术、标准化的执行、部门合作等方面都还存在很多问题和困难。云南少数民族档案管理部门在积极推进数字化建设的过程中，要从实际情况和条件出发，避免一哄而上，在开展数字化建设之前必须进行可行性分析，通过分析研究的结果，结合部门的情况，形成可行性方案，从而指导云南少数民族历史档案数字化建设健康发展。

一　建设单位现实状况调查研究

档案管理部门在实施云南少数民族历史档案数字化建设之前，首先要开展调查研究，摸清本馆、本部门的现实状况，并进行整体研究分析。

（一）管理制度的调查研究

调查是否具备进行云南少数民族历史档案数字化建设的组织保障，是否建立了相关的规章制度、管理体制、整体规划等，是否制定了数字化对象的选择标准，以及数字化建设从业人员的职责和分工是否明确等。

（二）硬件设施的调查研究

调查是否具备云南少数民族历史档案数字化建设的硬件设施的保障，各建设单位是否具备计算机、扫描仪、打印机等开展数字化建设工作必需的硬件配置，以及网络基础设施是否建设完备、信息化档案库房是否建设好等。

（三）技术条件的调查研究

调查是否具备开展云南少数民族历史档案数字化建设的技术保障。由于云南少数民族历史档案的数字化建设需要数字技术、计算机网络技术等许多高新技术支持，因此，各级档案管理部门要根据本部门的现实情况和技术力量量力而为，在进行云南少数民族历史档案数字化建设之前，应客观分析本部门的信息化水平和计算机信息技术能力。

（四）人才条件的调查研究

调查是否具备开展云南少数民族历史档案数字化建设的人才保障。人才是数字化建设的关键因素，云南少数民族历史档案数字化建设也不例外。云南少数民族历史档案数字化建设不但是一项高科技、高投入的建设项目，而且还是涉及与多部门合作、与各种行业合作的大工程，因此，进行云南少数民族历史档案数字化建设不仅需要档案管理人才，还需要各种专业技术人才，如信息技术人才、法律人才、少数民族语言人才、历史学人才等。

现实条件分析要求档案数字化建设单位对自身的信息技术、信息设备等基础条件进行系统、全面的调查研究，通过对自身条件的分析研究，对本部门数字化建设水平、数字化建设条件等建设能力有一个全面的认知，找准自己在数字化建设中的位置，从而决定能否进行和如何进行档案数字化建设。

二 分析各建设单位是否具备数字化建设的基本条件

要保证云南少数民族历史档案数字化建设顺利、持续开展，需要很多基本条件的支持和保障，其中要着重考虑以下几个方面。

（一）技术条件

云南少数民族历史档案数字化建设本身就是现代社会信息技术迅猛发展的要求，所以必然离不开相关信息技术的支持。就云南少数民族历史档案数字化建设而言，其本身就是一个需要软件、网络、计算机、信息组织工程的大规模的技术集成系统工程。云南少数民族历史档案数字化建设还要以网络为媒介，使用户能够方便、快捷地不受馆际的限制利用各种形式的云南少数民族历史档案信息。档案管理相关技术的成熟程度、普及程度与研发能力在很大程度上影响着云南少数民族历史档案数字化建设的进程，如档案分类、标引、著录、检索技术，数据压缩技术，数据网络传输技术，数据长期存取技术，数据加密技术，影像自动处理技术，条码识别技术，用户身份识别技术等。云南少数民族历史档案数字化建设涉及信息存储技术、数据压缩技术、多媒体技术、数据库技术、安全技术、网络通信技术等许多高新技术，是一项技术性很强的工程，因此，要保证云南少数民族历史档案数字化建设顺利进行，就必须具备技术条件的支撑。

（二）网络基础设施条件

云南少数民族历史档案数字化建设的目的是实现档案信息的网络化、数字化管理，提高云南少数民族历史档案的利用率，保护少数民族历史档案原件长久留存。而要实现网络化利用就要以内部局域网、档案信息资源网站等网络基础设施为前提，如利用网络，可以向用户提供各种打破时空限制的数字档案信息服务，真正实现云南少数民族历史档案的共享。网站建设还包括许多具体的工作流程，诸如网站规划、网页设计、网站宣传、申请域名、配置服务器、系统配置、发布主页、研发数据库系统等。所以，只有扎实建设好网络基础设施，才能真正实现把数字化档案信息在网络上公开发布。

（三）资金条件

云南少数民族历史档案数字化建设是一项复杂的系统工程。从实现信息数字化到建立数字资源数据库系统再到建立网站，最终实现信息自动化管理，需要大量资金作保障，档案管理部门一般没有雄厚的资金实力，这是在进行云南少数民族历史档案数字化建设时面临的一个问题。

第三章 云南少数民族历史档案数字化建设的必要性与可行性

（四）人才条件

云南少数民族历史档案数字化建设的过程要求工作人员具备计算机网络知识、信息技术知识和档案管理知识，在数字化建设进程中，需要各个行业的高层次专业人才，如信息系统管理与维护人才、系统分析与设计方面的专业人才、法律专家等。可见，人才条件是云南少数民族历史档案数字化建设成败的关键因素。

三 数字化建设实施方案的制定

进行云南少数民族历史档案数字化建设是非常复杂的浩大工程，我们必须积极面对数字化建设过程中的各种困难，制定出有效可行的数字化建设实施方案来调整需求与资源环境之间的关系，最后实现数字化建设的不断发展进步。一份切实可行的实施方案要具备三部分内容：实施目标、实施要素和保障系统。因此，制定云南少数民族历史档案数字化建设实施方案时，需要从以下几方面开展工作。

（一）制定实施目标

在确定了进行云南少数民族历史档案数字化建设可行的基础上，拥有建设条件的档案部门应该建立云南少数民族历史档案数字化建设领导小组，制定具体的实施目标，确定阶段性目标及长远目标，如云南少数民族历史档案数字化建设的目标、基础设施建设程度等。实施目标的制定主要依靠科学地分析现状和预测未来的发展趋势。同时，根据建设过程的需要还可以具体制定一些子目标。实施目标的制定不能脱离实际情况，要从本部门的实际能力出发。

（二）明确实施要素

实施目标制定后，要明确目标的具体实施要素，以利于更好地实现目标。实施要素是方案的主要部分，即云南少数民族历史档案数字化建设重点发展的项目及领域。例如，数字档案信息局域网、广域网服务项目、档案目录数字化建设项目、档案信息全文数字化建设项目等。不同的实施要素需要的评估办法也不相同，有些评估办法可以借用指标体系，而有些评估方法只能概括性描述。

（三）建立保障系统

云南少数民族历史档案数字化建设的顺利、安全进行需要建立保障系统。保障系统主要是指云南少数民族历史档案数字化建设的投入保障机制、管理体制和运行机制。换句话说，建设方案的实施需要保障系统的建设作保证，如组织机构、规章制度、人力、物力、财力以及各种信息技术的支持。所以，必须建立起云南少数民族历史档案数字化建设的保障系统，为方案的实施提供强有力的保障。

第四章 云南少数民族历史档案数字化建设的现状

随着信息社会的飞速发展，人们的信息意识逐渐得到提升。少数民族历史档案信息是人类历史发展进程的真实见证，是祖先留给我们的宝贵财富，少数民族历史档案作为少数民族先民在其日常生活生产中的珍贵记忆，其重要性日益引起社会公众的注意，也正逐渐得到研究者的重视。

档案是社会重要的信息资源，档案数字化建设是全社会信息化建设的重要组成部分。《全国档案事业发展"十五"计划》明确提出：要加快我国档案信息化建设的步伐，接收数字档案进馆，加快现有档案的数字化进程，解决电子文件归档、数字档案管理、档案信息资源的网络化检索与利用等问题。20世纪90年代以后，计算机和网络技术在档案行业得到广泛应用，极大地促进了档案信息资源的现代化管理、网络传播与利用，使档案管理向着现代化、信息化方向迅速发展，我国档案数字化建设的开展正在使档案工作的现代化管理迈上新的台阶。

总的来说，不管是国内还是国外，档案信息化建设虽然取得了一定的成就，但对于少数民族历史档案的数字化建设来说，还处于起步与探索阶段，处于尝试性的初级应用阶段。显然云南少数民族历史档案数字化建设的刚刚起步与信息社会对档案的开发利用要求是极不相称的。

第一节 理论研究成果不断涌现

我国档案的数字化建设开始于20世纪80年代末，现在正处于建设与逐渐成长的初级发展阶段。为了适应信息化建设和档案事业发展的需要，促进档案信息的数字化建设稳步发展，各地档案部门的工作者和档案学界的专家学者纷纷发表论文、出版专著，积极为档案数字化建设出谋划策，并取得了初步成效。

从目前公开发表的档案数字化建设研究成果来看，论及少数民族信息资源数字化建设方面的文献已相当丰富。据笔者统计，利用Google搜索，截至2011年6月24日，论及这方面的文献就有4.5万篇，论及云南少数民族档案数字化建设的文献资料有4090篇，而专门论及云南少数民族历史档案数字化建设的文献相对更少。这些文献大致可以划分为两大类：一类是从理论出发的研究文献，如《少数民族文字历史档案的数字化建设》《关于少数民族文字文献的数字化思考》等；另一类是从实际工作出发而总结出来的相关资料、工作计划等，如《普洱市档案信息化建设"十一五"规划》《昆明市档案信息化建设"十二五"规划》等。这些论著针对云南少数民族历史档案数字化建设从不同的角度进行了探讨，他们的研究成果对数字化建设是有益的。但是，这些文献在基础理论研究方面，仅限于对建设目标、建设原则、实现策略等宏观方面的内容进行粗线条研究，而涉及实际工作流程和环节的研究，仅仅是档案工作者在实际具体业务工作中对个别环节的工作经验总结，他们的研究视角过于狭窄，不能从全局意义上指导数字化建设。

近些年来，西南地区少数民族历史档案的研究成果不断涌现。华林教授编著的《西南彝族历史档案》《傣族历史档案研究》《西南少数民族历史档案管理学》《藏文历史档案研究》，以及陈子丹教授编著的《云南少数民族金石档案研究》，都对云南少数民族历史档案的数字化建设有所涉及。王耀希主编的《民族文化遗产数字化》一书，对云南少数民族文化遗产的数字化技术及其应用进行了深入研究，其中包括档案信息的数字化关键技术、可行性指标评价、模型构建等。有关云南少数民族历史档案数字化建设的论文也层出不穷。华林教授先后发表的《西部大开发与少数民族文字历史档案保护政策研究》《少数民族文字历史档案的数字化建设》《论少数民族文字历史档案的数字化技术保护》等文章对云南少数民族历史档案的数字化建设进行了研究。

另外，目前还没有把云南少数民族历史档案数字化建设作为独立课题进行研究，现阶段云南少数民族历史档案数字化建设研究仍处于分散状态，还没有形成一个系统、全面的研究体系，大部分与云南少数民族历史档案数字化建设相关的研究内容仅仅是穿插于其他研究文献之中。

云南省档案数字化建设实践刚起步，很多基层还没开始，理论探讨缺乏实践的支撑和验证。应当在积极借鉴国内外先进经验的同时，加强云南少数民族历史档案数字化建设的研究和实践。

第二节　档案网站建设掀起高潮

20世纪90年代以来，一些国家相继开始进行档案信息网络化建设，并大规模地在互联网上建立档案网站，发布档案信息。由此，掀起了档案信息网络化建设的高潮。云南省的档案网站以云南省档案局主办的云南省档案信息网为主，涵盖昆明、大理、楚雄、昭通、怒江、丽江、迪庆等30个地、州、市、县级档案网站，涉及档案及档案工作的方方面面，向世界展现了丰富多彩的档案信息。除了档案馆发布的馆藏档案信息外，还包括有关本档案机构的新闻事件、档案专业学会及讨论组的信息、档案出版物信息、有关档案标准的网络信息、档案保护技术信息、有关档案学研究热点问题的信息、有关档案教育的网络信息等。这些网站中含有大量的一次档案信息，它们或是电子文件，或是对传统档案进行数字化处理后的数字副本，或是以文本方式存在的档案内容的全文，或是以多媒体方式存在的包含所有载体信息在内的档案原件的真实再现。此外，网站还配备了高效的检索工具，为利用者提供了极大的方便。

第三节　档案目录数据库相继开始建设

各地在建立门户网站后，相继开始了档案信息资源库（先目录数据库后全文数据库）的建设。例如，云南省科研图书馆自1995年以来已建有《馆藏少数民族专题书目数据库》，并将建成《云南少数民族画库》。内蒙古图书馆开发了《微机蒙古文图书目录管理系统》《蒙文书目机读数据库》，内蒙古大学图书馆开发了《中国蒙古文古籍总目数据库》等，这些数据库大多只形成了目录数据库，还未真正建立云南少数民族历史档案的全文数据库。

从档案信息资源开发状况来看，其中建设资源库包括建设目录数据库和全文数据库两个阶段。从实际的信息资源建设状况来看，它们仍处于较低级的发展阶段，主要提供统一的目录数据库检索，可供在线利用的全文数据库较少。

第四节　政策法规建设步伐加快

自国家档案局把档案信息化建设作为"十五"期间的一项战略任务确定下来后，全国上下开始加快档案工作的信息化建设，努力实现档案行政管理、保管和开发的数字化、网络化。依据国家已经出台的《电子文件归档与管理规范》《档案管理软件功能要求暂行规定》《电子文件归档暂行办法》《网站管理办法》《中外档案网站导航》《电子文件名词术语》等标准与规章，云南省档案局加快了档案信息化的步伐，并先后制定和出台了一批关于档案信息化的标准和规章，如《昆明市档案信息化建设"十二五"规划》《云南省档案条例》《照片档案管理规定》《云南省电子公文归档管理暂行办法》等。目前，云南省档案数字化建设取得了全面、快速的发展，许多地方档案部门积极与信息化主管部门联合，争取把档案数字化建设纳入云南省信息化建设的总体框架之中。各州、市档案管理部门都在扎扎实实地建设档案信息目录数据库、档案网站、数字档案馆，开展原始馆藏档案数字化工作，在网络档案信息归档与管理等方面取得了比较好的效果。

第五节　少数民族文字录入系统已经开发

一　藏文

青海师范大学1986年研发了TC-DOS2.0版藏文系统；中国藏学研究中心和航天部701所1988年推出了藏文文字处理及激光编辑排版印刷系统，后与潍坊华光合作开发出了华光书林藏文排版和激光照排系统；中国民族语文翻译中心和中国计算机软件与技术服务总公司等联合研究开发了北大方正藏文书版系统，1997年北大方正推出了基于WIN31的藏文维思彩色印刷系统；西南民院研制了基于DOS平台的SPDOS汉藏文版操作系统和藏文文字平台。[①] 另外，西藏自治区多家机构研制完成了《藏文键盘、字模国家标准》《藏文编码字符集国际标准》《藏文操作系统》《藏文电子词库》《兰海藏文系统》《藏文字处理软件》等。[②]

二　蒙古文

蒙古文方面的系统有：1990年推出的蒙古文拉丁化输入方法，开发了从新蒙古文到老蒙古文的转写软件，完成了蒙古文词根、词干和附加成分的自动切分与复合词的自动识别系统；内蒙古大学与北京大学合作开发的《北大方正电子出版系统》蒙文版；内蒙古计算中心与山东潍坊合作研发的华光Ⅴ型蒙文书刊、

[①] 华林：《少数民族文字历史档案的数字化建设》，《中国档案》2005年第11期，第35~37页。

[②] 包和平、王学艳：《中国少数民族文献数字化建设研究》，《情报杂志》2002年第2期，第32~34页。

图表、报纸激光照版系统；内蒙古计算中心研发的蒙文、汉文、英文操作系统；内蒙古社会科学院蒙文研究所的苏·苏雅拉图开发研制的基于 Windows 95 的蒙古文处理系统；内蒙古大学研制的 MPS 蒙汉混合字处理系统。除了这些，还有《蒙古文、汉文、西文操作系统》《蒙汉混合字处理系统》《蒙古文字符集国际标准》《现代蒙古语词频词典》《蒙古文键盘、字模国家标准》《蒙古文拉丁化输入方法》《蒙古文版北大方正电子出版系统》《中世纪蒙古语文数据库、万词级现代蒙古语文数据库》。[①]

三 彝文

西南民院自行开发了 VCDOS 汉彝文双语平台和 SPDOS 汉彝文版汉字操作系统，后又推出了 Windows 95 彝文文字平台；云南省少数民族语文指导工作委员会和云南大学计算中心合作开发了云南规范彝文排版系统；北大方正和西南民院合作研制了彝文系统书版软件。

四 傣文

潍坊华光开发了傣文电子排版系统；北大方正开发了傣文电子出版系统。

五 壮文

北大方正研究开发了壮文书版系统，还开发了《壮语词库》。

[①] 华林：《论少数民族文字历史档案数字化技术保护》，《档案学研究》2006 年第 2 期，第 22～24 页。

六　苗文

云南省楚雄彝族自治州光亚电子研究所开发了苗文排版系统。

七　多文种操作系统

西北民族学院承担的《藏汉双语信息处理系统》已研制出《藏汉双语格萨尔史诗信息研究系统》《信息技术藏文编码字符集构件集》《信息技术藏文构件集24×48点阵字型白体》《藏汉双语历算系统》《藏汉双语藏医胃病诊断系统》《藏文历算日月食预报系统》《藏汉双语藏药管理信息系统》《藏汉双语字词诗句字频统计工具软件》《藏汉双语学校信息管理系统》《藏汉双语工农业基本数据统计系统》等。内蒙古电子计算中心课题组1991年完成了蒙、藏、维、哈、朝、满、汉文V4.0操作系统，可以同时在一个系统上处理蒙、藏、维、哈、朝、满、汉、英等文字。[①]

第六节　档案数字化人才队伍建设

信息人才队伍建设主要包括信息专业人才引进和在职人员信息化培训。现阶段对信息人才队伍建设的要求是："逐步在全省推行档案信息化知识的应用考核制度。各省辖市必须保证配备一名计算机专业人才，负责网络、数据库的管理。各县（市、区）

[①] 包和平、王学艳：《中国少数民族文献数字化建设研究》，《情报杂志》2002年第2期，第32~34页。

要重视对馆内人才的发掘,通过送出培训的方式,使得具有一定计算机基础的人才能够较快地承担馆内档案信息化工作。"[1]

人才是档案数字化的建设者,更是档案数字化建设的重要组成部分。随着社会数字化意识的提高和数字化工作的开展,各地档案部门都引进了不少高学历人才,人力资源状况得到了很大提升。各地档案部门纷纷举办档案干部信息化知识系列讲座,邀请专家、学者就数字化建设现状、发展等进行了系统的讲授。同时,数字化建设的相关内容被列入档案干部岗位培训和档案干部继续教育的必修内容之一。这些都为云南省档案数字化建设营造了浓厚的氛围,促进了档案干部队伍专门人才的培养,一批具有一定信息知识和技能,能承担信息化技术运用、维护和管理的档案人才,正在档案数字化建设的实践中形成和成长。但就整体而言,各馆拥有信息技术专业高学历的人员数量还比较少,技术水平相对偏低,人才外流现象也比较严重,仍需要通过技术外包等方式解决数字化建设过程中面临的技术问题。这就需要我们在看到已取得成绩的同时,必须清醒地认识到在档案数字化建设中人才队伍建设方面面临的困难和问题。

---

[1] 康芳芳:《档案信息化建设现状与发展对策研究——以江苏为例》,苏州大学研究报告,2007。

第五章　云南少数民族历史档案数字化建设中应解决的问题

第一节　标准规范问题

对云南少数民族历史档案进行采集、整序、存储，并建立众多分布式数字档案异构数据库，实现从分散建库向集中联网转变，达到档案信息资源共享，首先必须开展标准化建设，要实现软、硬件环境的彼此兼容，制定统一标准的文档著录格式、档案信息数据格式、规范的标引方法、元数据标准及通用的通信协议等。现在部分传统档案管理部门正在如火如荼地开展档案信息资源数字化建设，我们要在建设初期就注意标准化、规范化的问题，否则将后患无穷，因此，标准化和规范化问题亟待解决。

一　标准化是云南少数民族历史档案数字化建设中的薄弱环节

档案数字化标准规范建设是实现网络环境下档案信息资源共享的保障。云南少数民族历史档案数字化建设的最终目的是实现

第五章 云南少数民族历史档案数字化建设中应解决的问题

档案信息资源的网络共享,而共享的实现是以统一标准规范为前提的。在开放式的网络体系中,缺乏统一标准规范的任何信息技术都会被拒之网外,云南省少数民族历史档案数字化建设必须自始至终强调标准的制定和推行;否则,不仅无法实现信息联网、资源共享的目的,而且可能造成巨大的资源浪费。

标准规范建设是实现数字档案信息长期存取的保障,标准化要对数字档案资源的标识、描述、存储、查询、交换、管理、使用和检索等各个方面做出统一规范,是档案数字化建设的前提和基础。随着硬件设备和软件系统的快速更新换代,存储媒体也将面临在新设备和新系统中的兼容性问题,而永久有效地保存数字档案信息资源是档案数字化建设的重要职责。因此,我们必须开展标准化建设,从而在信息技术持续快速更新和数字对象及其元数据存储量不断扩大的条件下,保证数据资源的长期存取。档案数字化建设的相关标准,不仅体系复杂,而且因信息技术的急速发展而处于相对的变动之中。标准的专业性、变动性与相关标准的关联性,使得档案数字化标准建设成为一项重要而艰巨的任务。

实现云南少数民族历史档案数字化建设,一方面,要通过计算机录入、扫描等技术手段将传统介质的云南少数民族历史档案转化成计算机可识别和处理的二进制代码的数字档案信息;另一方面,要最大范围地收集已经数字化的云南少数民族历史档案。不论是馆藏档案的数字化还是数字档案信息的收集,都离不开标准化原则。制定与数字化建设相适应的标准和规范,并依照统一的标准和规范,使传统介质的云南少数民族历史档案数字化,已经数字化的档案归档,使数字化档案的保管、传递、利用等工作都实现有序化、标准化和规范化,避免出现各自为政、互不兼容、重复建设等现象。

标准化是一个体系，是一个系统，制定标准必须首先明确它的标准体系，否则将是混乱、不完整的。目前，云南省各地档案数字化建设正在开展，政府的资金投入不断增加。然而，如果不抓紧标准化建设，就容易造成各建设单位自行其是，所建设的数字化档案信息就可能无法互通，无法实现资源共享，将会给档案数字化建设造成损失和浪费。标准化已经成为云南省少数民族历史档案数字化建设中的薄弱环节，成为最突出的问题之一，因而抓紧标准化建设是当前的一项紧迫任务。

二　缺乏专门针对云南少数民族历史档案数字化建设的标准规范

国外发达国家档案数字化建设起步较早，国内的档案信息资源数字化建设才刚刚起步。因此，从总体上看，我国在标准化建设方面相对滞后于发达国家。1996年，国际档案理事会电子文件委员会颁布了《电子文件管理指南》；2000年，新加坡颁布了《电子邮件公文归档程序与规则》；2001年，加拿大公布了《加拿大电子文件保管元数据要求》；2001年，美国颁布了《美国国家文件和档案管理署CFR36电子公文管理条例》；2001年，澳大利亚先后发布了《联邦政府网络文件管理准则》《澳大利亚国家共同体机构文件记录元数据标准》；英国颁布了《英国电子文件元数据标准》。从国际档案组织和西方发达国家制定的相关档案标准中可以看出：一方面，这些标准涵盖的内容比较全面，既有针对数字档案信息的管理规定，又有具体的元数据方面的标准；另一方面，都很注重对元数据的管理应用研究。

我国主要由国家档案局全国档案工作标准化领导小组、全国档案工作标准化技术委员会负责组织制定档案的相关标准。目前

第五章 云南少数民族历史档案数字化建设中应解决的问题

国家标准及行业标准中，与档案数字化建设相关的主要有《革命历史档案机读目录软磁盘数据交换格式》《磁性载体档案管理与保护规范》《CAD 电子文件光盘存储、归档与档案管理要求·第一部分：电子文件归档与档案管理》《CAD 电子文件光盘存储系统的一致性测试》《CAD 电子文件光盘存储、归档与档案管理要求·第二部分：光盘信息组织结构》《CAD 电子文件管理》《纸质档案数字化技术规范》《电子文件归档与管理规范》等。此外，《归档电子文件信息载体技术保护规范》《电子档案著录规则》《电子文件元数据标准》《缩微影像数字化转换技术规范》等还处于征求意见和讨论修改阶段。

与发达国家档案信息资源数字化建设的标准化发展相比，我国专门针对少数民族历史档案，尤其是少数民族文字历史档案的标准规范数量很少。因此，需要加快制定出管理工作标准规范、业务工作标准规范和技术性标准规范等与云南少数民族历史档案数字化建设过程相适应的标准化规范体系。

（一）管理工作方面的标准规范

管理工作方面的标准规范是指对云南少数民族历史档案数字信息资源进行标准化、规范化管理的一套规则，包括计算机安全法规与标准，数字档案管理系统工作人员、用户及信息设施管理标准，利用数字档案信息的管理规定等。制定这套标准的目的是要明确数字档案信息资源的合法性，用户的权利和义务以及档案从业人员的职责和任务等。

（二）业务工作方面的标准规范

业务工作方面的管理标准的目的是规范化处理与管理云南少数民族历史档案数字信息资源，包括与云南少数民族历史档案数字信息资源相关的术语标准以及与数字档案业务密切相关的电子文件和数字档案管理标准规范。前者是开展云南少数民族历史档案数字化建设的基础；后者主要是数字化档案信息管理规范、元数据标准、数字档案信息存储格式与载体标准、电子文件和数字档案信息鉴定标准及其他一些相关标准规范。

（三）技术性标准规范

技术性标准规范包括云南少数民族历史档案数字化建设的软硬件基础设施建设技术标准、软件系统工作平台技术标准、数据存储压缩格式规范、数据长期保存格式规范、数据加密规范、网络数据传输规范、数字水印标准等。

标准规范化体系建设是云南少数民族历史档案数字化建设的重要保障措施。它的建设不是一件轻而易举的事情，既要适应云南少数民族历史档案数字化建设的具体要求，具有一定的特性，又必须符合国际、国家标准规范。有些标准规范的制定早已超出了档案工作的范围，如云南少数民族数字档案综合数据处理格式就需要满足跨行业、跨部门的要求；有些标准规范还必须与其他法规配套，制定的程序比较复杂；还有些标准规范的制定有待实践的进一步发展，所以，有关云南少数民族历史档案数字化建设的标准化建设不能急于求成，应有计划、有步骤地展开。

第二节　基础设施建设存在的问题

基础设施建设是云南少数民族历史档案数字化建设中最基本、最先开展的建设项目，是云南少数民族历史档案开发利用的基础，也是云南少数民族历史档案信息传输、交换和资源共享的必要手段。

第五章 云南少数民族历史档案数字化建设中应解决的问题

一 建设资金投入有限

信息基础设备和网络通信设施,如服务器的配置、扫描仪、大容量的磁盘阵列、光盘库、数字化设备等基础设施的建设是整个云南少数民族历史档案数字化建设工作健康进行的基础保证。云南少数民族历史档案数字化基础设施建设需要配备稳定性强、安全性能高的大容量存储设备以及适合的网络设备,来解决信息资源开发中面临的诸如信息共享、信息安全、信息存储等问题。但是,购置这些价格昂贵的设备,需要投入大量资金。对档案管理部门而言,国家财政预算是部门的主要经费来源,用于数字化建设的资金是非常有限的,根本不可能配置大量的信息化基础设施。资金的缺乏已经成为数字化基础设施建设的最大困难。

二 信息基础设施配置不合理

一方面,资金的缺乏制约了系统地购买信息设施,特别是无法购买一些价格昂贵的数字化信息设备;另一方面,由于无计划盲目投资,在基础设施建设时购置了一些实际工作不需要的信息设备。信息基础设施配置的不合理降低了基础设施的利用率,浪费了本来就很少的数字化建设资金,延缓了整个云南少数民族历史档案数字化工作的进展。

三 区域发展不平衡

受经济发展水平的差距和社会公众档案信息化意识强弱的影响,少数民族聚居的山区等偏远地区的档案部门信息设施配置和档案网络建设水平在数量和质量上均不如州市地区,明显落后于经济、文化相对发达的市区。州市地区经济发达，社会公众信息素养较高，档案信息化意识较强，政府部门和档案部门领导重视档案的数字化建设，因此，少数民族历史档案信息资源数字化建设工作获得了更多技术、资金支持，发展相对较快；少数民族聚居的山区等偏远地区交通不便，人才缺乏，没有建设资金保证，社会公众对档案信息服务功能的认知不深，这些地区的少数民族历史档案有些至今尚未开始数字化工作。由此可见，在档案数字化基础设施建设中，明显存在地区发展不平衡的问题。

第三节 管理应用系统建设存在的问题

一 档案管理软件品种过多

档案管理部门在向省内推广使用数字档案管理软件时，由于建设早期没有系统的规划，忽视了档案管理软件需要具备不同地区适合性和市场稳定性。档案管理软件品种过多，不但制约着统一管理和软件的使用培训，而且制约了未来少数民族历史档案信息资源开发与各地区的档案信息资源共享。有些档案管理软件现今甚至已经不再应用和研发，这将给曾经购买该类管理软件的档案部门造成软件无法升级的困难。

二 仍然以单机版管理软件为主

由于单机版比网络版价格便宜，又基本满足档案业务工作要求，现在档案界推广和应用的档案管理软件，仍然以单机版管理软件为主。随着云南少数民族历史档案数字化建设的深入，越来越多的数字档案数据信息要求在网络环境中及时流转和处理，单机版档案管理软件尤其是早期推广的一些软件，由于缺少与OA系统互通数据的网络接口，不具备网络使用的拓展功能，更不适应云南少数民族历史档案数字化建设的发展趋势。若继续使用这种不能随着档案管理变化而及时升级的单机版档案管理软件，将不能保证云南少数民族历史档案数字信息资源管理系统的兼容共享，也不能保证数字档案信息的长期存取和共建共享。

三 档案网站建设水平及利用率不高

尽管各州市地区档案网站建设水平要高出少数民族聚居的山区许多，但从整体上看，与其他省区市相比，云南省档案网站在建设数量和质量上仍有一定的差距，还不能满足档案用户的利用需求。档案网站没有提供优质的、全方位的信息服务，内容仍以介绍、宣传本部门馆藏为主。由于网站建设资金投入不足，没有专业的人员进行管理，目前比较突出的问题在于网站包含的内容单一，没有及时更新档案信息内容。

第四节 数字化技术体系建设存在的问题

云南省少数民族历史档案信息资源数字化建设总体水平比较低，主要表现在：从宏观上看，数字档案资源规模小，统筹规划不够；从微观上看，资金、人才、技术等都比较匮乏，尤其是信息技术手段方面较国外相对落后。具体说来，主要体现在以下几个方面。

一 数字化的技术还不成熟且不经济

现阶段对云南少数民族文字历史档案信息资源的数字化采

集，主要是通过少数民族文字录入系统进行键盘录入和利用扫描仪通过数字扫描来完成。两者各有优缺点，前者的主要缺陷是速度慢，需要耗费大量人力、物力、财力；后者受分辨率的影响，容易造成文字识别率不高、图像质量低。对于珍贵的古籍档案，由于不能拆分，也不能用力压，容易造成图像显示不完整、模糊或阴影等现象。在数据库建设方面，1987年建成了中世纪蒙古语文数据库；1993年建成了500万词级现代蒙古语文数据库；在《现代蒙古语词频统计》的基础上又整理出《现代蒙古语频率词典》；研制了 MHJ-1 型蒙古语言分析软件包、蒙文字幕机系统、蒙汉混排图章计算机辅助设计系统、篆文刻绘系统、蒙文计算机图书目录管理系统等。这些系统大都是北方少数民族研究机构开发建成的，在蒙古文和藏文历史档案信息资源数字化方面取得了显著的成绩，但是针对云南特有的纳西、白、布依、瑶、傈僳等少数民族还尚未开发出数字化管理软件，各种民族文字的计算机处理技术和汉化技术难题不解决，将直接阻碍云南少数民族历史档案的数字化建设以及少数民族档案的开发利用。

二　数字化技术还停留在表层

现阶段的云南少数民族历史档案数字化大多停留在"表层"，仍停留在目录录入，或仅限于将档案文献直接扫描，做成电子出版物，这只适用于保存，既不利于学者检索，也不利于研究者的阅读和少数民族文化的传播。"扫描是必要的，但扫描在很多情况下只是数字化的预处理"[①]，是数字化工作中很小的一

---

① 朱岩：《古籍数字化实践》，《文津流觞》2002年第8期。

部分。例如，云南省科研图书馆自1995年以来已建有《馆藏少数民族专题书目数据库》，并将建成《云南少数民族画库》。内蒙古图书馆开发的《微机蒙古文图书目录管理系统》《蒙文书目机读数据库》以及内蒙古大学图书馆开发的《中国蒙古文古籍总目数据库》等数据库大多只是形成了目录数据库，还未真正建立云南少数民族历史档案的全文数据库。

三　数字化技术选择单一

目前云南省少数民族历史档案的数字化技术基本上是重在开发各少数民族文字的录入系统，还未真正进入图像、声音等多媒体的信息资源数字化技术的研究与应用。如许多高校、民族研究所、计算机信息机构开发了藏文、蒙文、维文、锡伯文、满文、彝文、傣文、壮文、苗文等文字录入系统，但是这些数字化技术仅仅停留在少数民族文字处理技术方面。云南少数民族历史档案种类繁多，不仅有纸质档案，还有碑刻、摩崖、印章、岩画、木画、古画册、照片和金文档案等。这些少数民族历史档案不仅在内容信息上是非常珍贵的，而且档案的书写载体、制作材料和外形特征对于研究少数民族文化艺术等方面都是非常珍贵的，单纯依靠目前的文字录入系统和扫描技术不可能完全展现云南少数民族历史档案的多样性和珍贵价值。云南少数民族历史档案数字化工作涉及扫描技术、图文编辑、图像存储、图像格式等参数的正确选择和信息技术的采用，其功能包括：扫描加工、质量检查、去污处理以及数字化后图像文件与文献标引信息的关联等。为了全方位地开发利用各少数民族历史档案信息资源，再现历史档案的原貌，更好地为云南经济文化建设服务，需要更多、更全面的数字化技术，以便有针对性地实现云南少数民族历史档案的数字化。

云南省的档案数字化工作仍还处在探索与论证阶段，对档案信息资源的数字化建设的理论研究也刚刚兴起，而且主要是一些专门档案数字化建设的研究和数字档案馆分设的研究，研究的侧重点不够明显，大多停留在概念性的探索阶段，缺乏对现实有指导意义的理论研究。现阶段少数民族历史档案数字化研究大多停留在"表层"，仍停留在目录录入，或仅限于将档案文献直接扫描，做成电子出版物。数字化技术基本上是重在开发各少数民族文字的录入系统，还未真正进入图像、声音等多媒体的信息资源数字化技术的研究与应用阶段。

第五节 法律保障问题

重视并正确处理数字化建设中的法律问题，既是国际惯例，又是保障云南少数民族历史档案数字化建设健康发展的重要措施。其中，涉及的主要内容是档案数字化建设中数字档案的法律效力问题、传统档案的数字化权问题、数字档案信息的网络传输权问题、数字化档案利用保密问题、隐私权问题等。这些问题如果不及时解决，就会阻碍档案数字化建设健康地发展。

一 数字档案的法律效力难以界定

数字档案的真实性认定，是保证其凭证作用的关键。数字档案信息的易更改性、信息与载体的分离性，使数字档案在形成或传输过程中存在着被改动的可能。处理后的数字档案是否与原来一样，存在着认定上的困难，人们对电子文件和数字档案存在着"信任危机"。数字档案真实性的界定困难，使人们对数字档案法律凭证的作用产生了怀疑。因此，科学界定数字档案的真实性是档案数字化进程中的一个新课题。数字档案的法律效力问题一直是国内外档案界探讨的热门话题。

二 档案信息数字化权归属不明确

随着信息技术的飞速发展，为了最大限度地开发利用档案信息，充分发挥档案材料的价值，越来越多的档案管理部门利用计算机技术、多媒体技术、数据压缩技术、高速扫描技术、网络通信技术等手段，将本部门保管的纸质等传统介质的档案进行数字化处理，并组建数字档案信息资源库，通过网络发布这些数字档案信息，进行档案信息的传输利用，进而开发档案信息资源的现实价值和潜在价值。数字化档案信息与网络环境的特殊性，产生了一些新的权益关系，对此，需要相应的法律、法规对其加以认定和保护。

对受著作权保护的传统档案来说，存在着"档案数字化权"的归属问题。目前，法学界对受著作权法保护的作品的数字化权属问题存在两种不同的观点。一种观点认为，任何人都可以根据个人意愿对任何作品进行数字化处理。作品的作者拥有著作权，但是并不意味着拥有该作品的数字化权，数字化过程本身并不涉及对知识产权的侵犯。另一种相反的观点认为，数字化权利属于著作权人的专有权利，不是任何人都能随意进行数字化。随着数字信息的大量产生，以及信息法律的发展和完善，前一种观点已经不适应信息社会的发展。现在对第二种观点已经形成共识：未经权利人许可或授权，对受著作权法保护的档案进行数字化属侵权行为。

三 数字档案信息的网络传输权问题日益突出

云南少数民族历史档案数字信息的网络传输行为，是指将档案馆保存的纸质档案、布帛档案、竹木档案、声音档案、图像档案等少数民族历史档案进行数字化处理后，将这些数字档案信息发布到网络上，档案用户可以在任何时间和空间范围查阅、下载这些数字档案信息。网络环境中各类侵犯知识产权，尤其是著作权的行为频繁发生，给权利人造成重大利益损害，因此，有必要对云南少数民族历史档案数字信息资源网络传输的权利归属问题进行研究。

数字化档案信息通过上网传输而实现网络环境下的档案利用，其中又涉及一个基本的法律问题，即受著作权保护的档案的"网络传输权"应该如何归属？目前各国著作权法中对"网上传输利用"行为没有现成规定。但是，为了避免由于现有法律未对"网上传输行为"做出规定而造成事实上的侵权，近年我国新修订的《著作权法》第十条规定："信息网络传播权（即以有线或者无线方式向公众提供作品、表演或者录音录像制品，使公众可以在其个人选定的时间和地点获得作品、表演或者录音录像制品的权利）是属于著作权的财产权的一种，作品的网络传输权利是属于著作权人的专有权"[①]。在没有获得著作权人许可的情况下，随意进行网络传输，已经构成侵权行为。就档案信息上网而言，关键问题还在于：以何种方式获得那些受著作权法保护的档案的数字化权和网上传输权。随着网络的迅猛发展，数字化档案信息的网络传输权问题也日益突出。

四 档案数字化建设中的保密与隐私权保护困难

在信息社会，信息的数字化、传输的网络化使得个人隐私更

---

① 向立立：《档案数字化建设若干问题的研究》，湘潭大学研究报告，2004。

容易在公众面前暴露，并为他人随意利用。随着社会法律意识的加强，社会公众已经意识到保护隐私权的重要性。因此，在对云南少数民族历史档案进行数字化处理，尤其是通过网络传输利用时，要特别注意保护公民的隐私权和保守档案机密。

涉及公民隐私的档案一般包括：反映公民身体状况的材料，如出生、死亡、婚姻、健康状况等证明材料；公民的音像材料、文字材料，如照片、录音带、录像带和信函等；公民的财产、收支、银行存款等反映经济情况的材料；职业活动、政治观点、哲学观点和诉讼案件材料等；人口调查、经济调查等调查统计材料等。

由于档案的内容涉及国家或者个人利益，因而具有较强的保密性，一般分为公开、秘密、机密、绝密等不同密级。由于档案的密级不同，它开放利用的时间不相同，利用者的权限也不同，而且这些机密档案中一般都包含大量个人隐私信息，而网络的开放性、脆弱性以及数字化档案信息的易更改、易传输等特性都难以维护个人的隐私权，再加上病毒感染、黑客恶意攻击等，都使数字化档案信息在网络传输时更容易泄密，隐私权的保护也更加困难。

五 信息法规体系建设不完善

（一）信息法规体系建设滞后于数字化建设工作

档案数字化建设的全面开展，需要档案信息法规体系提供有力的法律保障。一方面，行政法规有利于指导数字化建设的开展，为数字化建设的健康发展提供正确的方向；另一方面，成熟的标准规范有助于规范数字化建设的各项具体工作，避免资源浪费或重复建设，有利于信息资源共建共享。但从现状看来，与云南少数民族历史档案数字化建设相关的档案信息法规体系建设有一定滞后性。

第一，云南省档案行政管理部门没有及时颁布急需的档案信息法规，目前推广使用的大部分档案管理应用系统，都没有统一的标准规范，对这些系统进行新数据结构和交换格式的修改比较困难。2002年发布了《文书档案文件级目录数据库结构与数据交换格式》，这一规定提出了具体、实用的著录及目录数据交换格式的技术规范，今后档案管理部门将更容易使用统一标准、规范的档案管理系统。

第二，一些档案部门制定的标准规范审批不及时。一些地市档案行政管理部门根据本部门开展数字化建设的需要，制定了适合实际工作需要的信息法规，该类信息规范从实际出发，可以指导本地区有序化、规范化地开展数字化工作，却因为种种原因，没有得到及时审批而丧失了作用。

（二）没有完善的信息法规标准来规范实际工作

云南省的档案信息化法规中，可以用于规范实际工作的档案信息法规少之又少。例如，针对照片、录音、录像、缩微胶片类型的馆藏档案数字化规范还未形成；面对已经数字化的云南少数民族历史档案的归档与管理，还未制定出相关的元数据标准、数字档案的鉴定标准和保证长期存取的技术规范；对于基础设施和应用系统建设而言，档案局域网构建和档案网站建设方面的专门规定还未出台，对于制定专门法律规范来保障档案信息安全问题，也还在筹备阶段。

（三）缺乏具体针对云南少数民族地方政策的档案信息法规

只有制定具有针对云南少数民族地方特色的信息法规才能确保顺利开展云南少数民族历史档案数字化建设。进行云南少数民族历史档案的数字化建设具有云南省的特殊性，因而要从实际出发制定具有针对性的信息法规体系。目前云南省颁布实行的法规当中，并没有专门针对本地区具有地方特色的档案部门的局域网建设、虚拟专网构建和数字档案馆建设方面，做出现实性的规定。

（四）缺乏具有现实指导意义的地方信息法规

目前云南省涉及档案信息化的规范与标准，很少能够针对云南本地的实际情况和特殊要求。一些地市档案部门制定的信息管理规范，从形式到内容几乎都是国家法规标准与省级文件的复制品，使地方信息法规违背了制定初衷，缺乏对现实数字化建设的指导意义。制定本地方信息法规要做到宜细不宜粗，尽可能明确、具体地做出规定，保证制定出的信息法规具有可操作性。

第六节 档案信息化人才队伍建设存在的问题

信息人才在云南少数民族历史档案数字化建设中扮演着重要角色，掌握着信息化发展的方向，在云南少数民族历史档案数字化建设中起着不言而喻的重要作用。

一 档案从业者信息化素养偏低

目前云南省档案人才队伍的信息化意识仍然落后于档案数字化发展的需要。数字化建设的人力资源基本来自档案部门，其工作人员大多观念保守落后，虽然接受了档案数字化建设方面的相关培训，档案数字化意识已大大加强，但毕竟没有经历过规范系统的专业教育和专业技能训练，在信息技术方面还是有所欠缺，对数字档案信息资源的理解存在不足和偏差，对云南少数民族历史档案数字化建设存在疑虑，将数字档案信息资源简单地理解为纸质档案的数字化，忽视了数字档案信息的深层次含义。目前档案从业者的信息素养与数字化建设的发展需要之间还存在不相适应的地方，这严重地影响了云南少数民族历史档案数字化建设向着科学和正确的方向发展。

二 技术型人才严重不足

网络环境下数字档案工作人员除了具备信息收集、处理、鉴别、传输的知识和能力外，还要掌握现代计算机信息技术、网络通信技术等高新技术。而云南省现有的信息服务人员素质偏低，难以适应云南少数民族历史档案数字化建设的发展需要。目前缺乏具有信息技术专业背景的人才，已经影响了云南少数民族历史档案数字化建设的发展进程。

三 "中间型"人才缺乏

目前，档案部门从事数字化工作的人员主要由两部分构成：一部分是档案专业毕业，在信息化发展要求下不断自学而了解一些信息技术的档案专业人才；另一部分是拥有信息技术专业背景的，通过日常工作而掌握部分档案专业知识的技术型人才。这种人才结构的问题在于，具备专业档案知识的人才，缺乏熟练掌握信息技术方面的能力，难以深层次地进行档案数字化建设；信息技术人才则缺乏精深的档案专业背景，难以真正理解档案工作，并与自身的信息技术相结合。因此，在云南少数民族历史档案数字化建设规划、系统分析、功能设计和技术实现中真正能够起到"主导""沟通"作用的双料人才少之又少。

四 缺乏完善的人才引进、奖励政策

档案部门作为社会的文化事业机构，主要依靠政府财政拨款，经费相对短缺，人才待遇偏低，缺乏对高学历、高技术、高层次信息人才的吸引力，加上档案部门管理机制落后，人本管理、知识管理、竞争机制都没有建立，论资排辈现象依然存在，缺乏合理的人才上升空间，从而削弱了年轻人才的积极性。尤其是一些偏远山区的档案部门虽然藏有珍贵的少数民族历史档案，但是由于地处偏远山区，受经济发展前景的限制，更存在着高素质信息技术人才引不来、留不住的问题。管理灵活、待遇较高、具备人才发展空间的外资企业、高等院校等对于高层次的信息技术人才具有更大的吸引力，甚至档案部门原有的人才也在向这些部门流动。可见，缺乏科学的专业人才管理机制、激励政策不足等因素已造成档案信息人才外流、高技术人才难以引进的问题。

档案数字化建设中人才引进的另一个问题是现有的公务员招聘制度问题。在现有制度下，应聘者要通过文化考核、临时抽取专家面试等严格、规范的考核程序。但过高的招聘门槛导致作为用人单位的档案部门对录用人员缺乏自主选择权，录用的专业技术人员往往不是最理想的人选。

第七节 威胁数字化档案信息安全的因素

数字化档案的特性使得数字化档案信息的安全问题越来越凸显，已引起各界的普遍关注。一般来说，档案安全包括载体安全和信息安全。计算机与网络存在不安全因素与隐患，严重地威胁

着数字化档案信息的真实性与完整性；保存数字化档案信息的管理软件、计算机与存储设备以及信息技术的更新换代都对保证数字化档案信息的长期存取构成了威胁。因此，应采取多种技术手段，对数字档案信息实施安全保护。

数字化档案信息的安全保证由于自身特性，受到技术因素、人为因素、环境因素以及管理因素的威胁。

一　技术因素

技术因素是由于信息技术在一定发展阶段的不完善，本身存在局限性，进而导致无法全面保证数字化档案信息的真实性与完整性。目前，传统介质档案信息数字化主要是键盘录入和扫描技术两种方式。由于目前开发了少部分的少数民族文字录入系统，使少数民族文字历史档案的计算机录入已经实现，但是仍然有部分少数民族文字没有被开发出录入系统或者有些民族未形成文字，这都影响了一些珍贵历史档案的数字化建设，键盘录入速度慢、效率低，需要投入大量人力，而且短时间内难以完成数字化建设；扫描不仅存在图像质量不高以及文字识别率低等缺陷，而且还可能对一些珍贵、易损的少数民族历史档案造成损坏。

至今，还未建立起完善的网络安全技术，由于计算机、网络的飞速发展，网络安全法规跟不上信息技术的发展步伐，使得数字档案信息容易被窃取、盗用，以及遭到非法增、删、改等各种扰乱破坏。

另外，为了方便软件调试或进一步开发或远程维护，管理软件存在一定漏洞和缺陷，很容易被黑客进行攻击和破坏。

二　人为因素

人为因素是由于人的故意或无意疏忽行为而导致数字化档案

信息真实性与完整性遭到破坏。故意破坏是出于某种自身利益或其他因素人为蓄意更改数字化档案信息的内容；疏忽行为造成的破坏，是由于工作人员的疏忽大意，或错误操作造成数字档案信息遭到破坏。由于数字化档案信息易更改，且修改后不留痕迹，所以容易受到人为的威胁，造成数字化档案信息正确性、真实性、可靠性被破坏。

三 环境因素

环境因素是指受到外力影响，如设备故障、自然灾害、政治影响、意外灾害等非人的直接行为造成数字化档案信息被破坏，导致档案信息不真实、不完整。

四 管理因素

管理因素造成数字档案信息被破坏，指安全管理制度不健全、责任不明、管理混乱等引起数字档案信息遭受安全威胁。网络安全攻击事件中，大部分是由于内部网络管理不善造成的侵犯。例如，内部网络结构被故意泄漏；用户及口令被有意透露；出于经济利益，工作人员盗取涉密档案信息等。

第六章　云南少数民族历史档案数字化建设的宏观策略

云南少数民族历史档案数字化建设的宏观策略主要是指数字化建设必须解决的标准化、基础设施、应用系统、数字化技术方案、法律体系、人才、安全保障体系等方面的建设策略。

第一节　数字化建设基本标准的构建

我国1998年提出了信息化建设的"二十四字方针"（统筹规划、国家主导、统一标准、联合建设、互联互通、资源共享），其中第三条就是统一标准。正如2002年全国采用国际标准工作会议上指出的：研究国际标准和国外先进标准的发展动态，跟踪和赶超国际标准和国外先进标准水平，已成为在新形势下发展我国生产力的必然要求。

现阶段，我国有关档案工作的国家标准已有多项制定出台，如《信息交换用汉字编码字符集·基本集》《ISOZ39.50检索协议》《档案交接文据格式》《文书档案案卷格式》《档案分类标引规则》《电子档案著录规章》《电子文件名词术语》《电子文件归档细则》《归档电子文件信息载体保护技术规范》《纸质档案数字化技术规范》《缩微影像数字化转换技术规范》《录音档案数字化技术规范》《明清档案著录细则》《全国革命历史档案数据采集标准》《磁性载体档案管理与保护规范》《档案管理网络安全测试规程》《信息技术通用多八位编码字符集》（第一部分体系结构与基本多文种平面）等，这些标准在进行云南少数民族历史档案数字化建设时都要遵循。另外，在档案数字化建设中还要考虑云南少数民族历史档案数字信息资源的检索方法、存储格式、压缩算法等，严格执行统一的文本格式、统一规范的技术要求和统一的标准进行云南少数民族历史档案数字化建设。

为加强云南少数民族历史档案数字化建设，相关档案管理部门应成立档案数字化建设标准化制定小组来领导和组织制订全省少数民族历史档案数字化建设的标准。所制订的相关档案数字化标准应包括以下内容。

一　元数据标准

元数据是一种描述信息资源属性的数据。我们通过元数据能够了解数字档案文件名称、形成者、主题、关键词、出版者、日期、类型、来源等，从而对数字档案进行有效而安全的控制，保证数字档案信息的真实性与原始性，以确保其凭证作用。例如，EDA、档案编码著录、都柏林核心数据格式、元数据内容框架等。

二　网络基础设施标准

网络基础设施标准包括基础通信平台工程建设、网络互联互通等方面的标准。其建设目的是为云南少数民族历史档案数字化提供一个标准化的网络运行环境，如《档案管理网络安全测试规程》等。

三 文档内容格式标准

文档主要由文字、音频、图像、视频、图形等多媒体信息有机组成，不同属性的媒体有不同的格式标准和处理方式。

文字是字符内部的编码标准。包括中西文数据标准、少数民族文字编码标准，如《信息交换用汉字编码字符集·基本集》《信息技术和信息交换用汉字编码字符集基本集的扩充》等。

音频是针对音频数据制定的通用标准，如 AU、MP3、MIDI/WAVE 等格式。

图像包括扫描图像的数据格式，分为压缩格式和非压缩格式。压缩格式有 BMP、XBM、PCX；非压缩格式有 GIF、JPEG、TIFF 等。为了适应网络的需要，1996 年产生了一种新的格式——PNG 格式。

视频，如 RM，是目前主流网络视频格式。针对图像质量和传输要求不同还可以采用 MPEG1、MPEG2、MPEG4 等不同的格式。

图形主要应用于一些特定的软件当中。不同的图形软件有不同的格式和标准，如 CAD 等。

四 文档内容表现标准

标记被定义为外部的文本性语法，该语法用来描述格式动作、结构信息、文本语义、属性等。如 PDF 格式，这种格式可以使应用系统产生的资料不失真，甚至可以保留 DWG 格式的"层"信息，绝大多数应用软件都可以生产 PDF 格式。SGML 格式是现今常用的超文本格式的最高层次标准,是可以定义标记语言的元语言。此外,还有 HTML 格式、XML 格式等。

五 文档信息检索标准

档案数字化要想实现资源共享,能够相互检索对方的数据,就必须有一个系统的检索标准。检索标准主要用于解决数字档案远程异构数据库之间的目录数据的可互操作性与透明检索问题,从而实现档案目录信息资源共享。关于数字档案检索的标准有很多,我们可以借鉴国际电子数据交换标准和国际标准化组织制定的《ISO Z39.50 检索协议》标准。

在云南少数民族历史档案数字化建设过程中,必须制定相应的数字档案信息管理公用的标准、数字档案管理自身的标准等,无论是制定和使用数据格式还是数据标识语言的标准,都不能与国内外有关的通用规范和标准相冲突,能够采用国际标准的一定要采用国际标准,能够采用国家标准的一定要采用国家标准,以便建成的数字档案数据库能够适应各种通用软件和硬件,唯此才能在不同类型的计算机操作、不同的计算机通信网络系统中实现数字档案信息共享,才能方便用户利用档案信息,才能避免出现各自为政、互不兼容、重复建设等现象。

第二节 数字化建设中基础设施的完善

一 多途径扩大资金投入

云南少数民族历史档案数字化建设需要丰富的信息资源作为共享的物质基础,需要数字档案数据库和高效的联合检索网络作为共享的手段，需要大量的计算机信息设备、网络设备、存储设备作保障，这些都需要稳定的资金来源。因此，经费是数字化建设的重要条件。但目前，缺乏稳定的资金投入已成为云南少数民族历史档案数字化建设的主要障碍。

为解决经费问题，首先需要政府加大对数字化建设的投入。各级领导部门和档案行政主管部门应提高思想认识，从长远目标出发，以战略的眼光来考虑，重视和支持少数民族历史档案数字化建设。信息资源建设是国民经济和社会发展的主要战略资源，因此，政府应做到随着经济增长，提高对档案数字化建设的经费投入。档案行政机关应力争将云南少数民族历史档案数字化建设项目列入地方国民经济和社会发展计划之中，努力在全省信息化建设中，获得信息办的大力支持，分拨专项信息化建设资金，为本部门的少数民族历史档案数字化建设提供有力的物质保障。少数民族历史档案保管部门还应积极争取一些优惠政策，获得当地政府的专项扶持资金，以保证长期获得政府财政支持。

云南少数民族历史档案数字化建设需要大量资金投入，政府财政毕竟有限。少数民族历史档案保管部门必须积极开拓建设思路，转变机制，尽可能调动社会力量，获得各渠道的资金支持，"多元化"地开展云南少数民族历史档案数字化建设。例如，档案管理部门可与网络通信部门合作，得到网络资源方面的优惠甚至免费支持。政府部门应大力宣传和强调少数民族历史档案数字化建设的重要性和迫切性，从政策上鼓励社会支持档案数字化建设，特别是争取IT企业的技术和人才投入。

二 优化信息设施配置

随着信息技术的急速更新换代，原有的信息设备必将被新的信息设备所取代。但是，国家财政对档案部门的资金投入是有限的，我们不可能不考虑资金问题而随意购买价格昂贵的信息设备，少数民族历史档案管理部门在购买新的信息设备时，必须把有限的资金用到必需的花费上。一方面，档案部门需要高瞻远瞩地购进信息化基础设备，根据本部门财政支付能力和少数民族历史档案数字化建设需求来合理购置实用的、性价比较高的信息基础设施。不能只简单地追求精、高、贵，也不能为了节约成本，就购买次品、淘汰品。要努力让购进的每一件设施都不闲置，得到高效利用。另一方面，要充分利用已有的旧设备。档案管理部门不能随意丢弃或淘汰那些仍然可以进行一些简单操作的旧机器，如仍可用于档案目录信息录入的旧设备等。为了解决目前档案数字化建设经费紧张的困难，把资金用于购买更急需的信息设备上，充分发挥旧机器的利用率，是一种克服资金、设备短缺的较好的过渡办法。

三　加强区域研讨交流

各地档案部门基础设施建设之间存在的差距，要求各档案管理部门之间开展多途径的合作交流，做到技术共享，进而加快云南少数民族历史档案数字化建设经验、技术和资源在不同地域、部门之间的共享，发挥优势地区的示范作用，逐渐减小各地区的差距。例如，召开交流会议、组织实地考察、开展项目合作、派员挂职学习、实行信息联络制度、开展联合攻关、编发专题简讯等。档案行政主管部门及相关政府部门应大力合作，积极发挥宏观调控作用，有重点、有针对性地制订合作计划，搭建信息交流和互动平台，组织对口支援项目，定期检查交流项目的实施情况，积极建立部门之间的长期合作交流机制。

四 提高数字化建设意识

数字化基础设施建设需要投入大量资金，受档案自身价值的特点影响，短期内见效缓慢，而且档案信息的价值不像其他生产活动的价值那样很容易用经济成效、社会收益来衡量。因此，有些社会公众对云南少数民族历史档案数字化建设不理解，认为没有必要耗费大量资金来搞数字化建设，加上有些政府主管部门对云南少数民族历史档案数字化建设采取漠然甚至排斥的态度，这些给档案部门扩大云南少数民族历史档案数字化建设资金投入增加了难度。为此，必须通过各种宣传方式，如加大档案门户网站的建设力度，在档案馆建立爱国主义教育基地、少数民族历史档案利用中心等，提高云南少数民族历史档案的利用效率，让档案部门以崭新的服务形象深入人心，进而提高整个云南省公众的档案信息化意识。只有数字化建设在思想上形成共鸣和认同，云南少数民族历史档案数字化建设才能获得多方面的支持，才有可能争取更多的建设资金用于基础设施建设。

第三节 档案管理应用系统的研发与推广

一 推广统一标准的网络版档案管理软件

（一）推广标准化的档案业务管理软件

选择数字化档案管理软件与购买其他信息产品是不同的，我们要根据需求和形势的变化不断更新淘汰旧的、与当前工作不相适应的档案管理软件。选择的软件不但要能适应不同地区的建设要求，还要具备市场稳定性，避免今后由于市场的变化导致该软件不能升级。建设过程中可以使用不同品牌的档案管理软件，但是必须保证设计上符合业务标准规范，而且保证档案管理软件与使用地区的少数民族历史特色、工作情况相结合。为了有利于当地档案行政主管部门进行定期或不定期的档案管理软件的使用培训和售后服务，我们有必要在一定范围内使用统一标准、规范的档案管理软件。

(二) 推广网络版档案业务管理软件

档案数字化建设不是实现简单的计算机管理，它是一项集成技术，是多种信息技术合一的系统，涉及计算机网络硬件、系统平台、数据库平台、通用软件、应用软件、终端设备等诸多方面，数字化建设的最终目的是实现档案信息资源的共享。单机版档案管理软件实现了云南少数民族历史档案的计算机管理，网络版档案管理软件能对繁杂的档案信息资源进行网络化管理。随着互联网的迅速发展，档案界的局域网、政务网发展迅速，档案管理工作越来越需要使用符合标准规范的网络版档案管理软件。各档案管理部门若还在使用单机版管理软件，就要在各单机版之间加装数据接口才能实现数字档案信息的归档与管理。而云南省各地档案馆或档案部门目前正在使用的单机版档案管理软件中，基本没有该项扩展功能。可见，只有推广网络版档案管理软件，今后才能顺利开展云南少数民族历史档案数字化建设。

二 联合开发符合标准的 OA 系统

对于档案部门而言，各档案部门使用统一标准的档案管理系统有利于少数民族历史档案数字化建设的开展。因此，档案部门需要借助当地政府的电子政务建设平台，把标准和要求预先设计在政企通用 OA 之中。由于各档案部门独自研究一套档案管理系统需要投入大量资金,但如果用多单位、多部门统一联合设计取代各部门分散的小系统设计,各档案管理部门就能以较低的价格使用标准规范的档案管理系统。各级各类档案部门为了保证档案信息的交换和集聚,促进档案信息资源的社会共享,应在政府相关部门的统一规划协调下,按照"加强统筹规划,促进综合利用,避免盲目发展"的指导思想以及"统一、通用、科学、标准、共享"的原则要求,联合开发和推广应用先进、实用的计算机档案管理软件;按照电子政务和建设的要求,加强档案计算机管理系统和办公自动化管理系统的衔接和融合,广泛应用文档一体化管理系统;逐步增加交互式的网上办事功能,加快查阅率相对较高的专题数据库建设,不断扩大数据来源,扩大共享范围。

三　提高档案网站的建设水平

档案网站是云南少数民族历史档案数字化建设中的一项重要内容,这是档案部门综合运用信息技术,借助公共信息网络,以通用的主页、数据库检索等方式向社会公众广泛提供档案行政服务和档案信息服务,面向更广泛的社会领域宣传与展示档案工作的窗口,以及与社会公众进行信息交流的平台。

我国的档案网站建设始于20世纪90年代末,最初一些省市档案馆仅仅在地方政府经济信息网上建立主页,内容简单,仅有一些档案馆的基本情况介绍。而今云南少数民族历史档案数字化建设要求档案网站要具备综合服务功能,而不仅仅是宣传档案和馆藏建设。例如,增加档案查询功能,使用户可以借助网络实现快速方便的档案信息查询,并通过网络完成档案信息的传输服务;随着档案网站建设的逐步推进,档案工作、档案机构和档案信息的宣传不仅要加大力度,而且要寓宣传于服务之中,从而促进社会各界对档案机构、档案工作以及档案本身的认知，促进社会各界重视对档案的妥善保管和共享利用，进而不断提高档案管理与档案服务水平；档案网站应该成为档案部门和利用者之间的交流平台，以便形成"服务－反馈－再服务"的良性循环运作过程。所以，在网站策划和设计中，具有交流互动功能的栏目设计和有关技术的运用必须引起重视。

档案网站在设计上要改变过去呆板、单调的形式，采用各种生动多彩的栏目和语言表达方式，实现档案馆从以藏为主向以用为本的根本性转变，从过去简单、粗放型向科学、专业化蜕变。要提高服务质量，就必须选择专业信息人才专职维护档案网站，并及时更新档案内容。档案网站要在突出云南少数民族特色的基础上，不断为用户提供及时、有效的档案信息服务，不断提升档案网站的用户访问量，扩大舆论宣传，改善档案馆的服务形象，进而发挥档案网站的利用价值。

另外，各级档案行政主管部门应加强对档案网站建设的行政监管力度，不断提高档案网站的建设质量和水平。通过制定相关的管理监督制度，支持各档案部门建设档案网站，并给予正确的引导，以定期的形式，对各部门档案网站建设进行达标测评，对取得较好成果的部门进行单项奖励，对没有达标的部门实行通报批评，并将考评结果纳入档案管理部门的整体考核机制之中，督促各地区档案管理部门建立并不断改进档案网站。

第四节 数字化技术的建设方案

一 数字化系统的模块设计

云南少数民族历史档案数字化系统的建设由档案数字化加

工和档案数据服务两个主要子系统支撑。模块的设计要注意完整性与通用性的原则,即"要注意档案信息之间的内在联系,保持档案信息的系统性、连贯性和完整性……馆藏档案数字化要求软硬件的配置要标准化和通用性,在数字化的不同阶段要保持一致"①。

(一) 数字化加工子系统

云南少数民族历史档案信息数字化加工子系统主要包括档案扫描、索引著录、图像处理等功能,表 6-1 是该系统的功能模块及其说明。

表 6-1 数字化加工子系统的功能模块及其说明

序号	功能模块	内容描述
1	数字化预加工（档案扫描、模数转换）	完成对档案原件的数字化加工,包括纸质档案的扫描、缩微和照片档案的扫描、模拟声像档案的模数转换,可以采用扫描仪和数码相机、摄像机来协助完成
2	数字化深加工	完成对扫描后图像的文字识别、版面切分、图文校验核对等工作,可以采用 OCR 自动识别技术、语音识别技术等
3	图像处理	对扫描后的图像进行处理,包括扫描时图像自动处理、二值图像的强制灰度处理、图像压缩、图像编辑、图像转换、多页合并、反相处理、手工纠斜、黑边处理、统一大小处理、图像区域擦除或加密等
4	图像浏览	实现对各种格式图像和流媒体信息的阅览,包括放大、缩小、旋转、格式转换、复制、转存、打印等功能
5	文件处理	对数字化的文件进行处理,包括文件排序、文件增加、文件替换、文件删除、文件切割等

---

① 涂丛英:《以校园网为依托,推进高校档案数字化建设》,《档案学研究》2005 年第 2 期,第 49 页。

第六章　云南少数民族历史档案数字化建设的宏观策略

续表

序号	功能模块	内容描述
6	图文质检	综合检查档案扫描和图文编辑工序的加工质量,主要包括对文字内容的校对、原文图像质量的检查、图像挂接检查与密级校核等过程
7	档案著录与标引	录入进入数字化处理流程的档案的目录信息,对图像文件建立索引信息,包括档案目录数据结构的创建、删除、修改,以及目录数据的增加、修改、删除、查询、打印与图像文件关联处理等
8	图像文件上传	将每台工作站加工后的图像文件上传至服务器,统一管理,方便检索调阅,包括图像上传设置、上传处理、上传日志等
9	档案加工管理	对档案数字化加工过程进行监控管理,生成相关报表,包括扫描批次管理、合格成品管理、合格成品发布、加工情况报表、人员工作记录等
10	系统管理与维护	包括系统用户管理、用户任务分工、系统参数设置、公共字典的维护、系统日志管理、用户权限管理、用户工作量统计等
11	光盘数据发布	将扫描后的图像文件、著录的索引数据以及档案光盘调阅程序发布到光盘上进行存储,包括档案光盘规划、图像文件生成、索引数据生成、档案光盘封皮打印、档案光盘目录打印、档案光盘发布日志等

资料来源:薛四新等:《档案信息化应用系统建设》,机械工业出版社,2006,第260页。

云南少数民族历史档案数字化加工产生的档案信息可以采用硬盘、光盘等形式,将档案数据转移到档案数据管理的存储服务器上,以统一的方式和同一个系统为档案利用者提供服务。

(二)档案数据服务子系统

档案数据服务子系统主要是通过互联网提供开放档案的宣传、利用等服务。档案数据服务子系统的主要功能包括元数据编辑、文件档案检索、系统维护等(见表6-2)。

表6-2 档案数据服务子系统的功能模块及其说明

序号	功能模块	功能描述
1	元数据编辑	将数字化加工或电子文件归档形成的档案目录信息和原文信息进行编辑,按照数据发布要求形成数据包
2	文件档案检索	提供对档案数据的查询、检索、打印、下载等,通过检索方式、检索条件实现对档案目录和全文的精确检索、模糊检索、匹配检索,对图像文件和多媒体文件的调阅
3	档案信息资源库管理	按照档案开放的要求更新并对档案信息资源库进行维护
4	统计功能	对正在编辑的已经进入开放档案信息资源库的档案目录信息、原文信息、数据容量等进行统计,对档案查询、检索等情况进行统计,对用户的访问进行统计
5	系统日志功能	自动记录查询系统中的各种日志,并进行分析

二 数字化技术的选择

云南少数民族历史档案数字化过程涉及多种技术的综合运用,如模数转换、数字扫描、图像处理、图文编辑、图像格式、数字信息存储、OCR 等技术。为了全方位地开发利用各少数民族历史档案信息资源,再现历史档案的原貌,更好地为云南经济文化建设服务,本书提出了一些数字化技术,以便有针对性地实现云南少数民族历史档案的数字化。

(一)扫描技术参数选择

数字扫描仪是完成纸质、照片、缩微品等档案数字化的主要工具。通常情况下决定扫描产品性能的指标是:光学分辨率、色彩位数、密度范围、扫描速度、扫描幅面、接口标准等。扫描过程中具体参数可以根据扫描清晰度要求和质量因素进行选择。常见的 A4 幅面采用 5000 像素传感器,也就是

600dpi 的光学分辨率。目前市场上大多采用 600dpi，基本可以满足扫描要求，但对于一些特殊的利用情况（如承办展览等）可以采用较高的扫描分辨率来获取更高质量的图像信息。色彩位数是扫描仪对采样来的每一个像素点提供不同的数字化位数的叠加。目前，基本的标准是 42 位 RGB 真彩色。它的精度已经可以满足实际应用的需要。对于扫描速度，目前市场上流行的扫描仪的扫描速度大约为 A4/300dpi/彩色，每页 4 秒；A3/300dpi/彩色，每页 6 秒。关于扫描幅面，大多数平板扫描仪是 A4 幅面，还有部分是 A4 加长或 A3 幅面的。目前市场上扫描仪的接口主要有 EPP、SCIS、USB、IEEEL1394 几种，其中 SCIS 和 USB 比较常用，另外 TWAIN1.0 接口也已经得到了广泛应用。[1]

（二）图像文件格式的选择

对图像文件进行处理，选择合适的格式，是为了统一图像的格式和质量以及得到合适的图像大小。目前常用的有 TIFF 和 JPEG（JPG）两种格式。作为一种标记语言，TIFF 与其他文件格式最大的不同在于：除了图像数据，它还可以记录图像的很多其他信息。它记录图像数据的方式也比较灵活，从理论上讲，任何其他的图像格式都能为 TIFF 所用，嵌入 TIFF 里面。与 JPEG 不同，TIFF 文件可以编辑然后重新存储而不会有压缩损失，TIFF 格式是文档图像和文档管理系统中的标准格式。在这种环境中，它通常使用支持黑白（也称为二值或者单色）图像的 CCITT Group IV 2D 压缩。在大量生产的环境中，文档通常扫描

---

[1] 薛四新等：《档案信息化应用系统建设》，机械工业出版社，2006，第 256 页。

成黑白图像（而不是彩色或者灰阶图像）以节约存储空间。TIFF 的重要特点是支持多页存储，可以把多页图像保存在一个 TIFF 文件里。因此，在专业图像应用领域得到了广泛应用。JPEG 是应用最广泛的图片格式，这种图片是经过压缩而来的，文件较小，一般用于存储单页图片的灰度和彩色图像，便于在网络上传输，网页上大部分图片都是这种格式。

（三）OCR 识别技术的使用

OCR 识别技术是光学字符识别（Optical Character Recognition）的缩写，是通过扫描等光学输入方式将各种报刊、书籍、文稿及其他印刷品的文字转化为图像信息，再利用文字识别技术将图像信息转化为可以使用的计算机输入技术。在档案领域 OCR 技术使档案扫描成果达到了全文可识别，将档案数字化发展提升到了一个新的阶段，使原本扫描出来的图片变得更容易进行检索，为数字档案馆的数据查询提供了技术支持，是档案数字化发展中必不可少的一环。

OCR 识别技术不仅可以自动判断、拆分、识别和还原各种通用型印刷体表格，还可以判定识别顺序，能将识别结果还原成与扫描文稿的版面布局一致的新文本，可识别手写体汉字、手写体字母、数字及多种手写符号。OCR 技术的应用大大降低了录入人员的工作强度和工作量，其弊端是对复杂版面的适应性差。OCR 技术的应用还大大降低了档案数字的录入成本，并提高了录入质量。OCR 技术的另一个优越性在于保留了档案的版面信息，方便后期查考。用手工录入无法保留档案的外形特征信息，只能提交文本文件或 WORD 文件。要保留原档案格式，则需要花费大量人力进行排版，而 OCR 的方式可以自动保留原文的格式信息。

需要指出的是，OCR 在实际应用中也有难以处理图标的局限性，而且系统建设的成本较高，因此，系统建设时往往将 OCR 自动处理与人工校对两种方式结合起来。①

（四）多媒体音像档案数字化技术参数

多媒体音像档案数字化，就是将录音、录像等各种形式的多媒体原文资料通过音频、视频转换设备进行转换、识别、压缩，生成标准格式的电子文件，并编目以及建立标引信息的过程。②多媒体音像档案数字化技术参数如表6-3所示。

表6-3 多媒体音像档案数字化技术参数

档案类型	转换工具	文件存储格式	技术参数
照片	数码相机/扫描仪	JPEG	清晰度、分辨率、黑白/灰度/彩色等图像的选择
录音（磁带、文件）	数字音频压缩卡	MP3	信息失真度、压缩比选择
录像（磁带、文件）	数字视频压缩卡	MPEG	信息失真度、压缩比选择

（五）图文关联技术

图文关联是将文件的图像和文字放在一起显示，使图像和文字保持原有的对应关系。图文关联是档案数字化处理的关键技术，对于专家学者研究历史、研究古籍档案来说是必不可少的。图文关联技术既保留了古籍档案的图像信息，又展现了它的文本信息；图像信息成为专家学者开展研究的依据，文字信息则推动了古籍档案的普及和方便用户的检索。目前实现图文关联的方式

---

① 薛四新等：《档案信息化应用系统建设》，机械工业出版社，2006，第257页。
② 薛四新等：《档案信息化应用系统建设》，机械工业出版社，2006，第257页。

有很多种。

1. 双层 PDF 文件

即隐藏的文字层和上方的图像层叠加在一起，用户浏览时看到的是图像，而在复制粘贴时选中的是文本。这种方式的优点是既保留了原文的图像，又可以方便地复制粘贴和全文检索。

2. 显示文章的所有文字信息

当用户点击某列（或某行）时，在该行的旁边显示相应的图像。这种方式为阅读提供了便利。

3. 将图像和文字分别显示在两个页面

读者可以方便地切换，其中在显示文字的界面，除了原字体保留了原文图像的所有版面信息，在两个页面之间还建立了同步的关系，当其中一个页面的阅读位置改变时，另一个页面的位置也相应地改变。这种方式的好处是专家学者可以方便地使用图像页面浏览原文的全貌。

（六）全文检索技术

相对于档案原件来说，档案目录信息、原文摘要等所能反映出来的档案内容是非常有限的，为了提供更为准确的检索、更充分的档案信息，必然需要云南少数民族历史档案数字信息资源管理系统能够提供全文检索的功能。

速度和查全率是衡量全文检索功能的标准。如果检索的速度太慢，在多用户并发使用的情况下会大大降低用户的满意度。因此，在选择发布系统时，应将全文检索功能的速度作为一个重点考虑。除了速度，还要注意查全率和查准率。

一个好的全文检索系统应该能够将查询结果分类显示出来，这样当查询结果非常多的时候，用户可以利用分类系统快速定位到自己需要的内容。所以，检索的分类系统是非常必要的，而且最好有多个分类系统，在一个分类不熟悉的时候，能通过另外一个分类方法找到。

第五节 档案数字化建设相关法律问题的处理

一 数字档案法律效力问题的处理

（一）加强管理，保障数字档案的真实与完整

数字档案的法律效力靠什么来实现？数字档案的法律效力的确立要靠科学的管理，对数字档案从生成到归档的全过程，要建立统一标准、密切相关、互为保证、相对独立的运行模式以及组织方法、管理制度和技术措施等业务技术规范，从而组成一个严密、系统、完整的数字档案管理系统。要保证数字档案的真实与完整，有两类相关信息应当记录和保存。一类是"元数据"，即关于数字档案信息的描述数据及其环境的数据。元数据可以描述信息资源或数据本身的特征和属性，规定数字化信息的组织，具有定位、发现、证明、评估、选择等功能。另一类是"背景信息"，即与数字档案信息相关的业务和行政背景方面的数据。背景信息有助于证明数字档案信息的真实性，并帮助用户正确理解档案的内容。对于数字档案来说，保证元数据和背景信息的真实与完整是非常重要的，只有保障数字档案信息真实可靠、完整，才能保证数字档案的法律效力和凭证作用。

对于数字档案真实性的界定应该遵循一个原则，即内容的真实性是唯一标准。不管文件载体、字迹格式等外在表现形式是否发生变化，只要它的内容确定，是当时由原作者撰写或制作，此后未作任何修改，我们就应该承认它的真实性，尽管它没有固定

的载体，没有实在的物理形态，甚至因转换而失去了原来的格式。我们可以借鉴电子商务中关于签名的做法，即：附加于数据中的，或与之有逻辑上联系的、数字形式的数据，用它来证明数字档案签署者的身份，并表明签署者同意数字档案中所包含的信息内容，从而确定其真实性。

应该说，数字档案的真实性、有效性是可以通过严格的管理措施、技术措施和科学监控程序来加以判别和实现的。

（二）加强立法，确认数字档案的法律效力

当然，对于数字档案的法律效力的确立，最后还是要通过制定专门的法律对数字档案的证据价值予以界定。确保电子文件和数字档案的法律效力，应加强电子文件和数字档案的立法工作，在国家的法律、法规及相应的档案法规中明确电子文件和电子档案的法律地位。近年来，许多国家已意识到这一问题，并出台了数字档案的相关法律法规，如美国的《信息自由法案》、澳大利亚的《计算机和证据法》、英国的《电子文件鉴定办法》等，确保电子文件和数字档案的法律效力。

1999年我国颁布的新的《合同法》已将合同的形式扩展到口头、书面和其他三种方式。其中，书面形式是指"合同书、信件和数据电文（包括电报、电传、传真、电子数据交换和电子邮件等）可以有形地表现所载内容的形式"，这从法律上进一步明确了数字档案、电子文件的证据效力。目前，我国正在起草《电子签章条例》和《政府信息公开条例》两项法规。《电子签章条例》规定，电子签章与传统的文件签章同样可以是证明当事人身份以及文书真实性的一种签名和印签。可见，对于电子文件的数字签名进行伪造和破坏的后果，同伪造、破坏普通文书与印章所造成的危害是相同的，在法律上应给予同等对待。《电子

第六章 云南少数民族历史档案数字化建设的宏观策略

签章条例》的出台,将从根本上保障电子签章的法律地位。《政府信息公开条例》规定,对故意窝藏、篡改、销毁政府信息的人,追究他们的行政、刑事责任。[①]

数字档案的法律效力的实现是一种必然的法律趋势。这是全国档案数字化的需要,也是云南少数民族历史档案数字化建设的需要。

二 档案数字化权问题的处理

(一) 做好鉴别工作

正确划分哪些少数民族历史档案信息受著作权法保护,应该首先要明确其来源。因此,必须仔细分析馆藏档案著作权的归属,将著作权归属作为馆藏档案的一个特征记录在案,在数字化过程中按照不同档案的著作权归属提供数字化处理和利用服务,馆藏档案的来源、作者、所有者各异,因而其著作权也各不相同。对于不受著作权法保护的档案,如国家颁布的法律、法规,国家机关的决议、决定、命令和其他具有立法性质的文件,新闻机构形成的、内容为时事新闻的档案等,可以不用考虑档案数字化权问题。此外,已过著作权保护期的历史档案亦属此列。而那些受著作权法保护的档案信息,要考虑档案数字化权问题,必须要征得著作权人的许可。

(二) 做好档案所有权和档案著作权的确认工作

在云南少数民族历史档案数字化建设过程中,不仅要考虑档案的著作权问题,还要考虑档案的所有权问题,因为二者的概念不同。档案的所有权是指对档案实体拥有占有、使用、收益和处

---

① 黄项飞:《档案数字化的法律视角》,《兰台内外》2003年第6期,第14~16页。

分的权利;档案的著作权是指档案信息产权,拥有档案的著作权并不意味着同时拥有档案的所有权。对于公共档案馆来说,其馆藏档案的所有权和著作权就分很多种情况。

第一,馆藏档案如果是通过接收原本属于国家所有的档案的方式进馆保存的,那么这部分档案的所有权和著作权都属于国家所有,档案馆只是代为保管。档案馆可以根据需要对馆藏档案进行数字化,但是不能违反国家相关法律。

第二,档案如果是通过购买的方式进馆保存的,这需要分两种情况:一种是购买了著作权,那么档案馆就可以自主进行数字化处理;另一种是没有购买著作权,那么档案馆必须在获得著作权人的许可后,才能对此类档案进行数字化。

第三,如果是通过受捐赠的方式进馆保存的,同样要具体看捐赠人是否许可档案馆对档案拥有处理权。如果档案馆拥有处理权,可自行进行数字化处理;如果没有,档案馆同样需要获得著作权人或所有权人的许可后,才能对此类档案进行数字化。

第四,对于在档案馆寄存的档案,档案馆只拥有代为保存的权利,不拥有所有权和著作权,档案馆在对该类档案进行数字化时,必须获得档案所有者的许可。

(三)与档案著作权人协商,征得档案著作权人许可

档案管理部门对受著作权法保护的档案进行数字化,应积极与档案著作权人协商,取得档案著作权人同意,并支付一定的报酬。档案数字化不是任何人都可以进行的行为,而是著作权人的专有权利,只有经过权利人的许可,他人才有权行使。[1]

---

[1] 王晓梅:《数字档案馆档案信息服务的著作权保护问题探讨》,《湘潭师范学院学报》2007年第2期,第70~71页。

三　数字档案网络传输权问题的处理

(一) 档案部门要增强法律意识

档案部门在数字化建设过程中，要考虑数字化权和网络传输权的问题。在对馆藏档案数字化时，要充分意识到档案数字化权的问题，在传输利用数字档案信息时，要考虑网络传输权的问题。

(二) 征得著作权人许可

档案部门把自己不具备著作权或所有权的数字档案信息进行网络传输时，要征得其著作权人或所有权人的许可。属于国家所有的云南少数民族历史档案数字信息资源只能由国家授权的档案馆或有关机关处理，对属于个人或集体所有的云南少数民族历史档案数字信息资源进行网络传输时，必须征得其所有人的许可，否则将构成侵权行为，要承担相应的法律责任。

四　数字化建设中的保密和隐私权问题的处理

对档案信息的保密与开放关系的把握直接影响着档案信息资源共建共享的基础与成效，主要应从以下几方面采取措施。

(一) 处理好云南少数民族历史档案数字信息资源保密与开放利用的关系

保密与开放，二者之间是辩证统一的关系。档案工作的根本目的和任务是档案信息的开发利用。只有对档案进行利用，才能充分发挥档案的现实与潜在价值。但利用并不是毫无原则地随意利用，只有做好保密工作，才能充分发挥云南少数民族历史档案数字信息资源的利用价值。当然保守档案信息机密，也不是不提倡开发利用，而是在不危害国家和个人利益的前提下，合理促进档案信息的开发利用。正确处理数字档案信息的保密与利用之间的关系，必须在充分利用数字档案信息时，严格保密，不危害国家和个人利益，在严守档案机密的前提下，进一步促进云南少数民族历史档案数字信息资源的合理利用。

（二）做好信息技术安全防范

通过禁用盗版或来历不明的软件、建立数字档案备份系统，以及预防拷贝、数字控制、电子文件的加密、访问控制等方法和技术，加强涉密云南少数民族历史档案数字信息资源的访问存取权限控制，从而保护这些涉密档案不被盗取及非法利用。

（三）加强法律保护

我国已出台了许多相关的法律来保护机密档案，如涉及档案信息秘密范围最广、保护措施与制度最具体的《保密法》。《档案法》对机密档案的保护也做了明确的规定。世界上很多国家都制定了专门的《隐私权法》，而我国至今还未制定专门的《隐私权法》，对公民隐私权的认可和保护仅在《民事诉讼法》《宪法》《刑法》《刑事诉讼法》等法律中有所涉及。因此，我国应针对目前信息社会对公民隐私权的重视，制定专门的《隐私权法》，进而对公民的隐私权加强保护。

（四）加强管理

通过制定合理而严密的管理措施和规范，在云南少数民族历史档案数字信息资源管理过程中，把好信息输入、输出关卡，严格掌握有关国家安全、知识产权、个人隐私的档案信息的利用权限，并防止对档案不正当篡改、毁坏。

五　信息法规体系建设发展对策

（一）及时制定符合现实需要的信息法规

地域差异使云南省各地少数民族历史档案信息资源数字化工

第六章　云南少数民族历史档案数字化建设的宏观策略

作面临的问题和情况也不相同，单一依靠国家制定统一的信息法规来进行数字化建设是不科学的，但是，具有云南省地方特色并能切实解决数字化工作中的困难的档案信息法规目前还很少。

一直以来，云南省在档案局域网建设、虚拟专网构建、数字档案馆建设和电子文件中心建设等方面发展都相对缓慢，基本还处于探索与试验阶段。现在我国出台的档案信息化规范有：档案数据认证、备份、检测、迁移规程；政务数据交换平台的电子文件中心及档案数据库建设规范；档案馆局域网构建标准；数字档案网络发布、利用规程；基于VPN网络的档案资源共享规范；档案管理网络安全测试规程等。云南省档案数字化建设可以根据自身的实际情况，借鉴其他省市的信息化规范，从照片、音频、视频档案数字化技术规程及质量标准，档案网站建设维护规范，档案信息数字化建设工程规范，档案数字化项目的规划、立项、承建、发包、验收、审批方面的管理性规定，档案数字化硬件设施的配置标准等方面推进云南省的信息法规建设。

（二）着力填补云南少数民族地区信息法规的"盲区"

云南少数民族历史档案数字化法规体系，应当针对云南数字化建设现实，涉及档案信息数字化建设的各个方面，包括：档案数字化基础设施建设、应用系统建设、档案信息数字化工作的组织管理、数字档案信息资源的建设与开发、档案信息安全、数字档案信息资源的保管与利用等。目前，在以上方面仍然没有实现全省范围内统一，云南省少数民族历史档案数字化建设的法规建设还需要继续努力。在传统介质档案数字化方面，目前仅对纸质档案数字化做出了技术规范，在已经数字化的档案信息归档与管理方面，我国仅颁布了很少几部法规标准，在元数据标准、数字档案鉴定标准、长期存取的技术规范等基础设施和应用系统建设方面几乎空白。

这就要求尽快制定、出台具有针对性的地方档案信息数字化法规，我们要紧紧围绕本地区档案事业迫切需要解决的问题，有针对性地制定本地的信息法规，补充中央立法的不足，不再重复规定上位法中已经比较具体的规定，而是重点解决对地方档案事业发展有影响的重大问题，从而真正实现地方档案新法规的作用。作为少数民族文化大省，云南省应抓住机遇，积极开展先行试验，及时出台符合云南本地档案信息数字化发展要求的地方性法规和标准，填补国内空白。

（三）增强地方信息法规的可操作性

云南省档案信息法规应该从本地区的实际情况和需要出发，规定更为具体的权利与义务、法律责任等，具备可操作性，避免虚置或与国家信息法规雷同。

一般而言，地方信息法规是对国家信息法规的细化和补充。细化是为了针对当地具体实际情况，让国家信息法规中较为宏观性的内容更具体，更容易贯彻和执行，从而提高地方档案信息化法规的针对性和可操作性，使地方信息法规具有实际指导意义，成为当地档案数字化建设规范的一条基本准则。

（四）注重信息化法规体系的整体性

成熟的档案数字化建设的法规体系应由具有不同效用特点和效力范围的不同层次、不同类型的许多法规组成，它们之间相互联系、相互协调、互为补充，共同构成完备的法规体系。因此，云南省少数民族历史档案信息数字化法规建设不但要求与本省其他法规相配套，还不得与国家档案信息化法规体系相矛盾，应结合地方特点制定出符合当地特色的信息法规。

由此可见，在云南少数民族历史档案数字化建设的实践中，制定云南省少数民族历史档案数字化法规，要结合少数民族历史档案在种类、记录方式、记录载体等方面与其他档案的不同之处，从具体的档案管理工作出发，借鉴国内外数字化信息法规建设的经验，制定出具有本地特色、富有实际指导意义的信息法规。

第六节　档案信息化人才队伍建设

一　树立正确的档案人才观

云南少数民族历史档案数字化人才队伍建设首先要树立正确科学的人才评判标准，做到人尽其才、才尽其用。人才队伍建设不能单纯考察专业技术，档案数字化人才的培养、引入、评判要坚持德才兼备的原则。在数字化人才队伍建设时，要注意树立与档案数字化建设相配套的正确的档案人才观，改善人员激励、评价、培训和引进机制，加强内部结构调整，将合理的档案人才观与构建档案数字化建设体系结合起来，真正树立正确的档案人才观。因此，档案数字化人才队伍建设需要与时俱进，适时调整，只有制定合理的人才培育制度和人才管理政策才能适应档案数字化发展的需要。

二　依托高校培养高级专业技术人才

进行数字化人才队伍建设从根本上还是要依托高等院校档案专业来培养档案信息化专业人才。开设档案学专业、实施专业教育是培养档案管理人才的主要方式，但是目前的档案专业教育模式僵硬、课程体系落后，无法满足云南少数民族历史档案数字化建设与服务的需要，因此，还需要对现有的教育方式和课程进行改革和调整。在教学计划中，应增加数字信息资源建设和数字信息服务的内容，通过专业的变化和课程体系的调整，让高等院校的档案学专业真正成为培养档案数字化建设的高端研究型人才、管理型人才和技术型人才的基地。

三 建立多元化的继续教育培养体系

继续教育是随着社会发展要求不断提高在职档案从业人员的知识水平，与数字化建设要求相适宜的重要手段。由于工作中实际情况，受时间和地域的限制，大部分在职人员基本上没有时间和机会接受高等院校档案专业系统的专业教育，而继续教育由于需要时间少、效率高、内容专一、形式灵活等特点，可以采用专题讲座、实习培训、现场研讨等方式进行，在职档案人员可以根据自身情况灵活安排时间参加，从而提高自身信息素养，增强信息技能。

根据《全国档案信息化建设实施纲要》中提出的，要"坚持各级档案部门领导干部进修制度"，云南省也应该制定继续教育制度，力争所有在职人员都定期参加各种类型的继续教育，并将参加继续教育的情况列入年终工作考绩、职称评审的范围。继续教育必须做到多元化和规范化，一方面，充分利用各种教学资源因材施教，开展各种形式、各个层次的档案信息化继续教育；另一方面，要严格审批和监管档案信息化继续教育的机构，统一档案信息化继续教育的内容体系、教学材料及实验环境，制定规范统一的分级、分类考评体系，建立"学考结合"的专业考核制度。继续教育体系的不断完善必将有力地推进档案信息化人才的培养。

四 完善信息化职业资格认证制度

档案馆的工作人员在云南少数民族历史档案数字化建设上仍

然是主力军。但由于档案馆长期以来引进信息技术人才的门槛比较低，信息人才素质高低不一，严重影响了档案数字化建设的质量。为保证数字化建设的工作人员能够胜任数字化工作，应建立和完善档案信息化职业资格认证制度，档案界应该加快建立符合我国国情和云南省省情的档案职业资格认证制度，并将资格认证的种类适当细分，与数字化建设工作的各个环节相联系，将资格认证与从业人员的聘任相联系，根据现实和未来档案数字化建设的发展需要设计职业资格的考核内容和类目。

五 构建档案数字化建设研讨、交流平台

开展研讨会和定期召开档案部门之间的经验交流是档案人才培养的另一手段。档案部门要积极营造云南少数民族历史档案数字化建设专题研讨和经验交流的和谐的学习氛围，为云南档案工作人员提供学术研讨与交流的平台。可以采取多种形式开展专题研讨和经验交流，如召开专题会议、网上研讨论坛、现场观摩、合作研究、访问交流等。通过定期或不定期开展各种形式的研讨、交流，可以拓展云南省档案从业人员的视野、丰富他们的档案数字化理论知识，帮助他们互相交流、学习先进经验，进而促进云南省档案人才的信息化素养，培养优秀的档案信息化人才。

六 实施合理的人才政策

是否制定了正确合理的人才政策，将对档案人才的培养、引进产生重要影响。档案数字化人才政策包括人才引入政策、人才使用政策和人才激励政策等。

要制定正确的档案数字化人才的引入政策，就要优化人才引进的软件、硬件环境，制定优化且可行的人才引入政策，采取多

种形式、灵活自主的人才招聘办法吸引各种专业人才，实施招收和聘任相结合的人才引进机制。

要制定正确的档案数字化用人制度，就要实行客观、公正的人才考评政策，与人才激励政策相结合，改变过去重学历、重职称、按资排辈的做法，以实际业务能力和工作业绩为主，实行评聘分开，强化职务聘任制度，通过相应的工资、奖金、多种津贴等奖惩制度，合理的聘用晋升制度、任期制度和精神激励等办法调动工作人员的积极性和主动性。

第七节 数字化档案信息的安全保障

怎样才能保证数字档案信息的安全，维护数字档案信息的长期存取并保证其真实可靠，是当今档案界研究的重点课题。西方国家和我国近年来都从信息设备、信息技术手段等方面对此作了深入研究，并取得了一些成果。1996年《数字档案长期存取与保护的总结报告》问世；美国国家档案与文件署制定了《国家战略：制定与贯彻联邦政府电子文件的产生、传送、存贮与长期保存的标准》；1996年，澳大利亚国家图书馆制定了《澳大利亚数字载体长期存取与保护的原则》；1997年5个北欧国家的国家档案馆共同出版了大型研究报告《电子档案保护与存取》。[①]

随着信息技术的推广，以及数字档案信息的大量产生，数字档案信息的安全问题逐渐引起专家学者的重视，档案界纷纷从不同的角度对该问题进行了研究和分析。云南少数民族历史档案数

---

① 黄萃：《从法律角度探讨电子文件的保护》，《档案学通讯》2002年第1期，第47~49页。

第六章 云南少数民族历史档案数字化建设的宏观策略

字信息资源的安全,主要通过安全性的技术保障、制定安全管理制度以及出台相关法律来保障。

一 安全性的技术保障

确保云南少数民族历史档案数字信息资源的安全,从技术层面考虑,主要应该加强技术研究,积极采用相应的技术措施。

(一) 采用信息加密技术

信息加密技术是信息安全的核心和关键所在。加密技术是通过一组编码存储和传递信息的技术,经过编码的信息表面上看起来就像一组乱码,只有通过解码才能恢复原有信息。常用的加密技术有两种:一种是私钥,即一组加密和解密的密钥相同,而且密钥需要保密的加密方法,收信方和发信方使用相同的密钥。另一种是公钥加密,即收信方和发信方使用的密钥各不相同,有公用密钥和私有密钥,只有两者搭配使用才能完成加密和解密的全过程。

(二) 数字签名技术

数字签名是通过对传统文件手写签名的模拟,利用技术手段对签署电子文件的发件人身份进行确认,有效保证传递的文件内容不被当事人篡改,不能随意传递虚假资料,以及事后不能否认已发送或已收到资料的安全性措施。

(三) 防火墙技术

防火墙是实现内外网隔离与访问控制的最基本、最经济、使用最广泛、有效的网络安全保护措施。防火墙是多个网络之间的安全隔离网,它可以保护内部网络免受外部的侵扰,防止未授权系统的侵入、数据修改、删除、窃取档案信息资源等攻击。同时,它还能使局域网内用户安全链接、数字处理、信息传递和存储受到保护。

(四) 操作系统安全内核技术

为了保障系统的安全，把可能对系统安全产生影响的该部分系统内核利用操作系统安全内核技术和数据库安全技术剔除出去，常用的安全措施有：对操作系统的安全配置；采用安全性较高的操作系统；利用安全扫描系统检查操作系统的漏洞等。

(五) 入侵检测技术

入侵检测是对防火墙的合理补充，帮助系统对付网络攻击，提高了信息安全基础结构的完整性，是防火墙之后的第二道安全闸门。它从计算机网络中的关键点收集信息，并分析信息，查看网络中是否有违反安全策略的行为和遭到攻击的迹象，在不影响网络性能的情况下对网络进行检测，从而提供对内部或外部攻击和误操作的实时保护。[①]

(六) 生物识别技术

生物识别技术是依靠人体的身体特征来进行身份验证的一种方法，由于人体特征固有的唯一性，这一生物密钥无法被复制，不会失窃或遗忘，生物识别的安全性较传统意义上的身份验证机制有很大的提高。常用的生物识别，如指纹、声音、面孔、视网膜、掌纹等。

(七) 数字档案信息的长期可存取技术

数字档案信息的海量增长带来的首要问题就是数字档案信息的存储和长期保存问题，为了在瞬息万变的数字环境中保证档案信息稳定和持续有效，长期存取技术成为必需。数字档案信息的长期存取面临着存储载体不耐久、读写信息的计算机软硬件因过

---

① 秦娇华：《数据挖掘在入侵检测中的应用》，《现代计算机》2005年第1期，第23~26页。

第六章　云南少数民族历史档案数字化建设的宏观策略

时而被淘汰、数字档案信息内容不真实和不完整等困难，目前可以利用仿真、迁移等技术手段来维护数字档案信息的长期存取。

1. 仿真

仿真是解决数字信息长期存取的最初尝试，是利用仿真软件对不同技术平台的文件进行获取，其实质是通过仿真软件将淘汰系统模拟到下一代计算机上。其最大特点是能使数字资源原来的功能与外观再现，特别是对一些不适于迁移的档案信息有更大的作用。因而，对于复杂的数字资源，仿真可能有最佳应用前景。仿真技术还处于研究与发展阶段，仅仅只能仿真原文献的部分功能，恢复原件的部分原始状况，还不能全面地发挥其功能。此外，仿真的费用比较昂贵。有学者认为，进行仿真的资金投入可能会超出反复进行迁移的费用。

2. 迁移

迁移是将数字档案信息资源从老一代存储载体转移到新一代存储载体上，或者从旧的计算机信息技术平台转换到新的信息技术平台上，它是随着计算机软硬件变化适时改变数字档案信息格式的一种处理过程。这一过程使得数字档案信息在将来也能被读取。迁移要求软件平台具有良好的兼容性，能够读取多种格式，并保证迁移的数字信息内容的真实、完整，同时应该注意迁移可能会造成部分数字信息格式的丢失。

3. 载体转换保护技术

载体转换保护技术是指将技术过时的数字档案适时地转移到缩微品或纸上，不再使用计算机软件、硬件进行读取，这种方法可以避免软件、硬件技术淘汰带来的读取困难。

4. 技术保护

技术保护是保留存取数字档案信息资源的硬件、软件，使数字档案信息资源通过原始技术平台可以读出的一种方式。随着时间的推移，这种软件、硬件和技术平台支持不可避免地会被淘汰和取代，因而这种措施一般只能作为保存数字档案信息的过渡性解决措施。

二 安全性的管理保障

维护数字档案信息的安全需要制定合理而严密的管理措施和规范，严格实行安全管理才能真正落实数字档案信息的安全保护。数字档案信息安全维护除了采用相关技术手段之外，最重要的是要制定出规范可行的管理措施，加强对数字档案信息的有效管理，才能真正维护数字档案信息的真实、可靠、完整。

（一）加强云南少数民族历史档案数字信息资源的宏观管理

云南少数民族历史档案数字化建设是一项集专业性、技术性、综合性为一体的综合系统工程，云南少数民族历史档案数字化建设要制定科学的管理机制，细化工作分工范围及管理权限，并把数字化工作作为日常管理工作的一部分。必须建立专门的云南少数民族历史档案数字化、网络化的组织协调机构，负责全省各地档案信息数字化建设的总体设计与技术攻关，加强档案信息数字化建设的宏观管理。

（二）建立健全云南少数民族历史档案数字化建设管理制度体系

管理制度是保证云南少数民族历史档案数字信息资源安全的重要措施。数字档案信息安全维护除了采用相关技术手段之外，最重要的是要制定出规范可行的管理措施，加强对数字档案信息的有效管理，才能真正维护数字档案信息的真实、可靠、完整。我们可以通过以下规章制度的建立和执行，来保证云南少数民族

第六章 云南少数民族历史档案数字化建设的宏观策略

历史档案数字信息资源的安全。

1. 人员管理安全制度

包括建立完善的安全培训制度、人员审查制度、岗位考核制度等，来加强数字档案信息的安全管理，防止人为破坏、损毁数字档案信息。

2. 涉密档案管理制度

对云南少数民族历史档案数字信息按照绝密、机密、秘密与非保密等不同密级进行严格分类，对机密档案信息采取加密处理，并保证存储的安全可靠，严防机密档案信息被窃取、篡改与损毁。

3. 系统运行环境安全管理制度

包括机房出入的权限限制、保存环境的安全、自然灾害防护、电磁波与磁场防护等。

4. 应用系统安全管理制度

包括制定操作规范、操作责任、操作权限、操作恢复、操作监督等管理制度以及应用系统的备份管理、应用软件的维护和安全管理制度等。

要维护数字档案信息的安全，不仅要从技术上防止数字档案信息被人为增、删、改，增强电子文件的凭证性和可靠性，还要从管理制度上建立安全保障。

（三）建立云南少数民族历史档案数字化建设工作的档案

数字化建设工作档案是指在云南少数民族历史档案数字化建设过程中形成的，把工作过程的原始记录保存起来，以备将来查考的工作文件、授权许可、真实性证明材料、工作流程技术、项目书等各种日常工作记录以及根据工作需要制定的规章制度等。云南少数民族历史档案的数字化建设是一项拥有较强的专业性、科学性、技术性、实用性的综合性工程,随着档案数字化工作的推进,在工作过程中,必然要制定一些结合本地区、本部门实际的标准、规章制度以及工作规划、工作总结等,这些文件都是云南少数民族历史档案数字化工作过程的具体反映,客观以及真实地记载了工作中的实践经验和建设发展状况,真实地反映了云南少数民族历史档案数字化建设的全过程,对云南少数民族历史档案数字信息资源具有不可替代的查考和凭证作用。只有及时归档保存这些数字化工作档案,才能维护云南少数民族历史档案数字信息资源的真实性、合法性和可靠性。

三 安全性的法律保障

(一)要加强数字档案信息安全法规体系的建设

做到有法可依,有法必依,执法必严,违法必究。除了通过技术和管理手段外,云南少数民族历史档案数字信息资源的安全保护,离不开安全性法律法规的建设。通过加强网络安全、信息安全、计算机犯罪、电子文件法律地位等方面的立法与执法工作,严厉打击破坏数字档案信息的违法犯罪行为。

(二)加大法制宣传教育力度

随着档案信息法规体系的形成,我们将在全社会加大法制宣传教育力度,全省各级各类档案部门可全面开设法制课程。首先,要增强档案部门领导和工作人员的法律意识。其次,对公众用户可以通过广播、电视、报刊、档案网站等多种形式,大力加强与云南少数民族历史档案数字化建设相关法规的宣传教育,培养和提高民众的档案法律意识、安全意识。

第七章 云南少数民族历史档案数字化建设的具体业务流程

云南少数民族历史档案数字化建设的具体业务流程包括对数字化建设单位的调研分析，根据分析结果制定建设规划，按照规划具体实施数字化建设，最后对数字化建设工作进行绩效评估。

第一节 加强前期分析

所谓前期分析，是云南少数民族历史档案数字化建设实施的基础性工作，主要是通过开展调查研究，分析当前各单位数字化的建设环境和条件。通过对具体的社会信息化环境、档案行业、技术市场、社会档案信息化意识和信息需求等宏观环境的分析，以及技术力量、人员状况、基础设施建设、经济实力等微观环境的分析，研究各建设单位有哪些优势和不足，有无必要和可能进行少数民族历史档案数字化建设。

只有通过前期分析，明确各建设单位的具体建设现状和建设条件,才能避免盲目跟风,顺利开展云南少数民族历史档案数字化建设。具体来讲,在进行云南少数民族历史档案数字化建设前,我们要从以下方面进行前期分析。

一 建设社会环境分析

建设社会环境分析包括进行社会信息化环境分析、档案行业分析、相关行业建设现状分析、技术市场分析、社会档案信息化意识分析、社会数字化档案信息需求等宏观环境的分析。

(一)社会信息化环境分析

分析当今国内外的信息化进程,分析国内、省内信息基础设施状况,分析国家的、云南省的信息政策和社会信息发展规划等。

(二)档案行业分析

对档案行业的发展现状、档案信息资源建设现状,特别是数字档案信息资源的建设情况等进行系统分析研究。

(三)相关行业建设现状分析

例如,对数字图书馆信息资源建设现状、数字博物馆建设情况、网站信息资源建设情况等相关行业进行分析研究。

(四)技术市场分析

通过对数字压缩技术、信息采集技术、数字信息长期存取技术、信息安全技术等信息技术的研究,对信息技术市场的发展现状及发展态势进行分析。

(五)社会档案信息化意识分析

分析社会公众对数字档案的了解程度以及持有的态度,分析公众是否理解、支持档案数字化建设。

(六)社会数字化档案信息需求分析

针对不同档案用户进行不同的需求分析,分析用户真正需要

第七章 云南少数民族历史档案数字化建设的具体业务流程

利用的是什么档案，需要什么样的数字化档案信息，需要数字化系统的建设有什么功能。需求分析将对云南少数民族历史档案数字化建设提出完整、准确、清晰、具体的要求。

二 具体建设部门情况分析

具体建设部门情况分析指的是进行数字化建设部门的技术力量、人员配备、信息基础设施、财政状况等建设微观环境的分析。

（一）技术力量分析

对已经拥有的技术前景进行分析预测，分析还需要引进哪些信息技术等。

（二）人员状况分析

分析具体建设单位人员的职称学历、技术技能等情况，分析具体人员具备何种技能，适合安排何种岗位等。

（三）信息基础设施分析

分析现阶段档案信息的数字化程度，数字化建设部门现有的信息基础设施，现阶段使用的软件、硬件和管理系统等。

（四）经济实力分析

分析本部门的财政收支状况，有没有经济实力购置数字化建设所需设备和技术，分析数字化建设各项工作开展对经济的需求，分析能从哪些途径获得资金支持等。

第二节 做好云南少数民族历史档案数字化建设规划

经过前期分析，掌握具体建设单位的各项情况后，应针对本单位实际状况，制定出合理的数字化建设规划，指导和规范云南少数民族历史档案数字化建设。

档案数字化建设的关键在于加强规划管理，对于这样一个历时长、涉及面广、复杂性强的系统工程来说，必须要有全局性长远的总体规划。云南少数民族历史档案数字化建设规划由总体战略规划和各项建设工作的具体规划构成，其中总体战略为其建设提供总的指导和发展方向，各项具体规划则是在总体战略指导下为建设提供的具体指导和安排，其结构关系如图7-1所示。

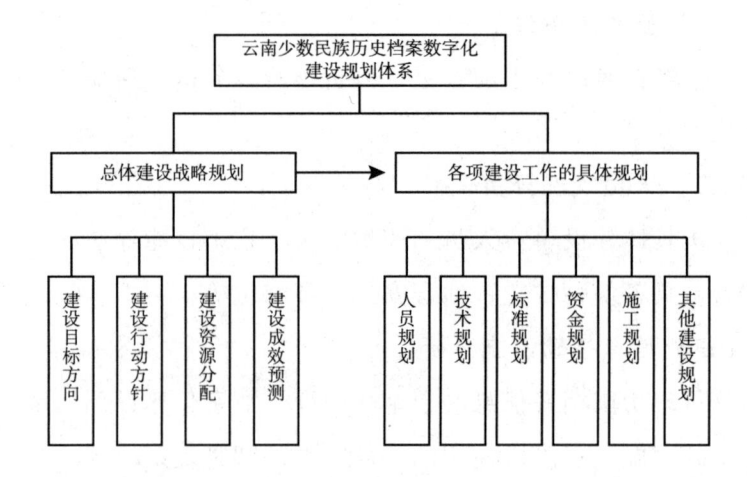

图7-1 云南少数民族历史档案数字化建设规划体系

一 总体战略规划

总体战略规划是指根据前期分析的结果，制定出的总体建设方针和策略，它指引着数字化建设朝着正确的方向发展。总体战略规划是为了实现某一总体目标对所要采取的行动方针和资源使用的一种总体规划。① 对于云南少数民族历史档案数字化建设来说，总体战略规划是一个纲领性文件，应该以科学发展观为指

---

① 杨文士、张雁：《管理学原理》，中国人民大学出版社，1995，第107页。

第七章　云南少数民族历史档案数字化建设的具体业务流程

导,对档案数字化的需求、定位、战略目标、策略、步骤、组织方式、管理方式等加以确定。

总体战略规划为数字化建设提供总的建设目标和方向,其内容主要包括以下方面。

(一) 确定云南少数民族历史档案数字化建设的目标和发展方向

这里主要是指制定建设的总体目标和各阶段子目标。例如,为什么要进行数字化建设,社会对档案数字化的需求是什么,档案数字化建设的最终目的是什么等。

(二) 确定云南少数民族历史档案数字化建设的行动方针

主要是制定云南少数民族历史档案数字化建设模式,具体而言,是采取外包模式还是自主建设,是混合实施模式还是整体引进模式,以及制定具体建设方案、建设途径等。

(三) 确定云南少数民族历史档案数字化建设的资源分配方针、方案

它主要是在宏观上调配云南少数民族历史档案数字化建设所需要的资金、技术、人才等资源,使有限的资源得到合理配置,应用到最需要的地方,最大限度地发挥作用。

(四) 预测云南少数民族历史档案数字化建设的成效

它主要是预测数字化建设可能取得的经济价值、社会效益,对可能导致数字化建设失败的关键因素进行分析,并提出相应的解决措施和应急策略等。

二　各项具体规划

由于档案数字化建设的艰巨性和长期性,所以不管事先制定了怎样的总体规划,在建设中都只能一步一步地实施。因此，除了总体战略规划外，云南少数民族历史档案数字化建设还包括人员规划、技术规划、标准规划、资金规划、施工规划以及其他相关规划。

(一) 人员规划

档案数字化建设是涉及计算机技术、网络技术等高新技术的系统工程，需要一支适应数字化建设需求的技术人才队伍作保障，特别需要信息化管理、软件开发、系统维护等方面的专业人才。可是，档案部门比较缺乏信息技术人才，特别是中、高级信息技术人才以及既懂档案管理又熟悉信息技术的复合型人才，这已成为影响和制约档案数字化建设快速发展的瓶颈。因此，做好云南少数民族历史档案数字化建设的人员规划工作具有重要意义，需要做好如下工作。

其一，确定云南少数民族历史档案数字化建设需要什么类型的技术人才和需要的人才数量。例如，具体需要多少信息技术人才、法律人才、信息管理人才等。

其二，构建实施团队的基本框架，正确划分云南少数民族历史档案数字化建设的工作岗位，制定详细的岗位职责和明确的人员分工。

其三，确定数字化建设所需人才的聘用机制、选聘要求以及福利待遇等。

其四，根据以上要求形成规范性的人事管理制度，确保云南少数民族历史档案数字化建设实施团队稳定，并建立非常情况下的人员应急机制等。

(二) 技术规划

云南少数民族历史档案数字化建设是一项技术含量较高的系统工程，它的建设需要各种计算机技术、数据库技术、数字化技

第七章 云南少数民族历史档案数字化建设的具体业务流程

术作为支撑,技术规划需要做好下列工作。

第一,对当前档案行业和相关行业的信息技术进行调查了解。云南少数民族历史档案数字化建设工作要不断获取相关技术发展动态,预先为云南少数民族历史档案数字化建设的技术选择做好充分准备。

第二,确定云南少数民族历史档案数字化建设需要的技术范围。如数据库技术、数字化技术、网络通信技术、信息存取技术、信息检索技术、信息传递技术等,明确所采用的技术与云南少数民族历史档案数字化建设是否相适应,技术在将来能否实现升级,将来有无替代技术等。

第三,建立云南少数民族历史档案数字化建设技术框架。云南少数民族历史档案数字化建设所需要的技术模块一般包括信息处理技术模块、信息存取技术模块、信息交流与共享技术模块、信息获取技术模块四大技术模块。

(三) 标准规划

标准问题关系云南少数民族历史档案数字化建设的成就,决定数字档案信息的共建共享和长期保存,对云南少数民族历史档案数字化建设来说,其标准规划工作主要包括以下内容。

其一,在数字档案信息的标引、著录、存取等方面选用国际、国内通用标准。

其二,根据工作实际,制定符合本部门数字化建设的相关标准和相关规范。

其三,建立相关数字化建设的标准体系,减少人为因素对数字化工作的破坏,做到每项具体工作都按标准执行。

其四,建立监督机制,对标准的执行情况实施监督,确保标准真正贯彻执行。

（四）资金规划

云南少数民族历史档案数字化建设需要投入大量资金，因此，有必要进行资金规划。

其一，合理预算数字化建设的经费投入，明确在网络建设、计算机设备建设、数据库建设等主要方面的资金投入数额。

其二，明确获取经费的来源和渠道。

其三，制订资金具体运用的细则。

其四，建立资金运用监督机制等。

（五）施工规划

云南少数民族历史档案数字化建设需要有一个详尽的实施规划来指导具体建设工作的进行。

一是选择数字化建设的具体建设模式。如外包模式、独立承建模式和内外结合模式等，还有专题建设模式和全面建设模式。针对特定地区、部门的云南少数民族历史档案数字化建设，我们只能根据实际建设情况，选择相应的具体业务建设模式。

二是规划建设进度安排。制订云南少数民族历史档案数字化建设进度计划，严格按照计划动工，在预定时间内实现建设目标，让建设进程按照计划进行。

三是制定工程备用实施方案。云南少数民族历史档案数字化建设是一个复杂的系统工程，为了解决建设过程中出现的困难和意外，我们有必要制定备用实施方案，以保证数字化建设按计划进行。

（六）其他相关规划

除了以上提到的具体规划外，云南少数民族历史档案数字化建设还需要制定如激励政策、机构调整等与数字化建设工作相关的具体规划。

第七章　云南少数民族历史档案数字化建设的具体业务流程

第三节　紧跟建设业务流程

云南少数民族历史档案数字化建设是由一系列具体业务组成的、浩大的综合系统工程，主要包括数字化对象的选择、数字档案信息的采集、数字档案信息的鉴定、数字档案信息的组织、元数据抽取、数字档案信息的长期存取等内容。

一　确定好档案数字化选择范围

云南少数民族历史档案数字化需要进行全面建设，但是具体到现实中，由于受到技术、资金、人才、信息收集等因素的限制，在一定时期内我们只能对一定范围内的档案信息进行数字化建设。这就需要我们对纳入建设体系的档案信息进行选择，确定好档案数字化的选择范围。

（一）选择原则

面对浩如烟海的数字档案信息，我们不可能在短时期内全部进行数字化，对档案信息的数字化要有选择的进行。在选择时，我们要坚持需求原则、系统性原则、量力而行原则和专与博的原则。

1. 需求原则

用户需求是云南少数民族历史档案数字化建设的最根本推动力。因此，在进行建设时，我们必须坚持需求原则，根据社会需求来选择云南少数民族历史档案数字化的对象。按照用户需求原则来选择数字化对象，要做到将现实需求和潜在需要相结合、当前需求和未来需求相结合。

2. 系统性原则

系统性原则要求在对档案信息资源进行选择时,不能人为地割裂档案信息之间的联系,要从全局范围考虑,进行档案信息的选择,确保档案信息资源的完整性。

3. 量力而行原则

云南少数民族历史档案数字信息资源种类繁多,全部实行数字化建设不是一朝一夕的事,由于受到各方面条件的限制,任何档案部门不可能在一定时期内进行全部馆藏数字化建设。因此,各部门要量力而行,根据自己的实力选择那些珍贵档案、特色档案、高利用率的档案以及即时利用的档案优先进行数字化。

4. 专与博的原则

云南少数民族历史档案数字化建设主要是对云南少数民族历史档案进行建设,这是不可更改的事实。但是,为了扩大数字档案信息的适用对象,我们也可考虑少数民族历史档案的相关新闻、社会热点等相关信息资源,满足广大用户的多方位需求。这就要求在进行选择时,要正确对待专与博的问题,坚持以"专"为主,以"博"为辅,既突出云南少数民族历史档案的特色,又增强其适应能力。

(二) 信息资源范围的确定

档案馆保存的云南少数民族历史档案为数众多,不同档案信息的价值不同,开放利用的时限不同,保密程度不同,档案馆必须正确选择哪些档案信息可以数字化,哪些目前不需要数字化或暂缓数字化,哪些需要优先数字化。应该紧密结合馆藏具体情况和社会利用发展趋势做出正确判断和选择。

1. 全部馆藏数字化

将全部馆藏进行数字化,是理论上最彻底的数字化方案,对利用者来说也是最理想的。这一方案比较适合那些档案数量有限、开放档案占大多数馆藏的档案馆。相反，对于那些馆藏数量多、利用率低、需要控制利用的档案馆，从节约成本和提高效益的角度考虑，这并不是最佳选择方案。

2. 珍贵馆藏档案数字化

这一方法的困难在于正确判断哪些是珍贵档案。科学的评判需要建立在熟悉馆藏档案资源及其价值的基础上。一般来说，那些高龄档案，涉及某一地区重要机构、重大事件和重要任务的档案，在同类档案中较为珍稀的档案就属于珍贵档案。

3. 特色馆藏数字化

采取这一方法选择档案，可以形成自己的民族特色，有效地避免了档案信息资源的重复建设。但是，采取这一选择方法的档案馆，同时也要兼顾其他内容的档案，以免档案数字化内容过于单一，导致利用效果不佳。

4. 高利用率馆藏档案数字化

通过这一方案可以降低成本，提高效益，但具体实施有一定困难。一般而言，不同类型的用户所需的档案信息，在范围和重点方面也不相同，而且对不同类型档案信息的使用频率也不同。另外，一部分高利用率档案往往具有时效性。

5. 即时利用档案数字化

指当用户需要某类档案，而该类档案尚未数字化时才予以数字化。所有用户不需要的馆藏均被排除在外，但是，用户即时需求有很大的偶然性，过分地考虑这一需求，无疑会提高档案数字化的经济成本。

总之，无论单纯选择哪一种方案都会导致片面选择档案资源，只有将几种方法有机结合，才是馆藏档案数字化的最佳策略选择。

二　有效地获取数字档案信息

有效地获取云南少数民族历史档案数字信息，主要是指把选择范围内的档案信息资源进行数字化处理，形成高标准、高质量的数字档案信息资源。档案数字信息资源的获取，包括传统载体档案的数字化、数字档案的直接转化、其他网络信息资源的获取三大部分内容。

（一）传统载体云南少数民族历史档案的数字化

从各馆馆藏情况来看，大部分档案馆保存的少数民族历史档案绝大多数是纸质档案，还有很少一部分是树叶、绢帛等特殊载体形式的少数民族历史档案。开展云南少数民族历史档案数字化建设，就是通过信息技术把这些传统载体的档案信息转化为数字化形式存储。传统载体档案的数字化主要是纸质档案数字化、照片档案数字化、缩微档案数字化、音频和视频档案数字化等。

1. 纸质档案数字化

顺利进行纸质档案的数字化需要先进技术的保证，我们面临许多问题需要去解决。

第一，明确纸质档案数字化的实现形式。当前纸质档案数字化的形式主要有三种。

一是目录文本、正文图像式。这是最简单的数字化形式，它只是将档案原文扫描成图像，编制目录索引，建立起目录与图像的链接。它只能实现目录级检索，还不能称之为真正的数字档案。

二是全文本式。这是将档案中所有文字全部采用文本方式存储，是真正意义上的数字化档案。

第七章　云南少数民族历史档案数字化建设的具体业务流程

三是全文图文对照式。该形式是以上两种形式的结合，既有目录文本、图像文本，又有全文文本，并建立起三者的链接。对于云南少数民族历史档案数字化建设来讲，最好选择全文图文对照式进行纸质档案数字化。①

第二，明确纸质档案数字化要求。由于要保证档案的原始记录性，档案的数字化比图书等其他文献信息的数字化要求更高。要按照以下要求对纸质档案进行数字化转换：一是要采用全信息采集策略，保证纸质档案数字化后不破坏原有内容的真实、完整；二是数字化技术要安全可靠，转化速度快，准确率高，并能不断更新；三是图文识别率要高，能做到还原原件面貌；四是要节约成本进行数字化；五是要采用通用格式标准进行数字化。

第三，选择数字化技术及其实现方式。从目前少数民族历史档案信息数字化建设情况来看，主要有两种数字化技术占主导地位。一是扫描技术。扫描技术是当前档案数字化采用的主要技术，在档案信息数字化建设中得到了广泛应用。二是通过少数民族文字录入系统对档案信息进行键盘录入，这种方法费时费力。除了扫描和键盘录入以外，档案信息数字化还涉及图像处理技术、OCR 技术、图文关联技术等，数字化建设的从业人员只有对这些技术都有了解和认识，才能在馆藏档案数字化时做好各种技术指标的选择与方案的确定。

第四，确定数字档案信息格式。一般而言，数字信息根据不同的用途有多种存在格式，如存储格式、著录格式、浏览格式

---

① 谭珺培：《信息资源建设：档案馆数字化的主体》，《湖北档案》2003 年第 1 期，第 24～26 页。

等。纸质档案数字化时，要充分考虑到这些因素，如要维护数字档案信息的长期保存，应该采取非压缩格式来保存档案信息；如需浏览，可采用压缩格式，来降低传输成本；预览格式，作为预览信息，提供粗略内容表现，可采用大压缩比的格式，从保存格式或浏览格式中派生。为了保证数字化档案的真实性，以及后期工作的开展，纸质档案数字化应尽量采用标准化的非压缩格式。另外，在保存格式上，数字化档案还有多种选择。目前数字化信息市场流行的格式有 TXT、TDF、PTF、HTML、XML、TIFF、BMP、JPEG、GFI、PDF、PDG 等多种，其中北京超星公司开发研制的 PDG 格式是当前我国文档资料扫描较为常用的一种存储格式，全国已有近千个档案部门采用。[①] 当然，这些格式都有其优势和不足，各数字化单位要根据实际需要进行数字化处理。纸质档案在确定了转换所采用的数据格式之后，要通过数字化处理系统进行正式的转换。当前市场影响力较大的档案数字化处理系统有数字方舟档案数字化加工系统、世纪科怡影像文档数字化加工管理系统、超星数字档案馆系统等。各数字化转换单位可以选用已经成熟的处理系统，也可以根据工作需要建设自己的数字化处理系统。另外，在数字化处理程序上，一般是由纸质档案整理、准备、登记、校验、逐项扫描、格式转换、文件压缩、数字信息校验、存储等步骤构成。这方面可以借鉴台湾"中央研究院"近代史研究所档案馆藏外交重要档案数字化流程（见表7-1），根据《纸质档案数字化技术规范》来完成纸质档案的数字化工作。

---

① 许异兴：《广东省立中山图书馆的数字化资源建设与利用》，《图书馆建设》2003年第1期，第40~42页。

第七章 云南少数民族历史档案数字化建设的具体业务流程

表7-1 台湾"中央研究院"近代史研究所档案馆藏外交重要档案数字化流程

程序	工作项目	细部工作内容	执行人员	工作地点	设备需求	意见栏
1	档案整理	档案分类 档案拆卷 档案编页	档案整编人员	2F 2217 档案整理室		
2	档案目录建置	建置目录打印窗体 建置目录建文件窗体 目录以系列为单位委外打印 使用 EXCEL 建立所需字段 完成一校一改作业	档案整编人员	4F 2404 档案整理室		
3	档案目录校对	印出纸本目录二校 标明档案文件编号 补齐文件相关信息	档案校对人员	4F 2405 档案整理室		
4	标准控制	整理机关、人名、地名、职衔行政信息 制作标准对照表 将标准控制字段与别名文件在检索系统中进行链接	信息人员	4F 2406 档案整理室		
5	制作数字影像	厂商进驻扫描 数字影像校正	厂商	3F 2302、2303扫描区	扫描器	
6	影像校对	厂商校正 馆方验收、校正 图文比对	厂商 档案馆信息人员	3F 2302 扫描区		
7	影像文件存储	电子影像存储以一式两份磁带备份 进行一份光盘备份 将一份磁带存储于 Mass Storage 主机 将光盘另一份磁带备份存于档案馆及台史所	信息人员	2F 2210 信息室	光盘 磁带	

139

2. 照片档案数字化

照片档案在数字化的处理上与纸质档案基本类似,其数字化工作可以参照上述纸质档案数字化工作进行。对于照片档案数字化,在这里还有几点技术问题需要注意。

(1) 扫描分辨率的确定问题。分辨率越高,单位内的像素点越多,采集到的原稿图像信息就越多,获得的数字图像信息量就越大,图像质量也就越高。也就是说,扫描分辨率大小决定数字图像的质量优劣和文件大小。现在,还未制定统一的、标准的照片档案的扫描分辨率,相关标准正在研制。我国中央档案馆《照片档案数字化转换及应用》研究课题表明,10×8英寸大小的照片用300dpi分辨率进行扫描,复制后输出的图像效果接近原照片,甚至更好(这要取决于输出设备)。另外,国家科学数字图书馆对图像保存格式推荐的扫描分辨率为600dpi。扫描分辨率越高,照片质量越好,这是不争的事实,但我们不能一味地追求高分辨率。对于具体照片档案数字化工作来讲,一般情况下,分辨率的选择应该与扫描原稿的质量相匹配,既要考虑数字图像的质量问题,又要考虑通用标准问题和存储空间问题。[①]

(2) 图像位深的调整问题。位深是数字图像反映颜色精度的重要指标,它是每个像素光亮信息的比特(Bits)描述数。位深越大,表现颜色的效果就越好。图像的位深是由扫描仪提供的,专业级的扫描仪都能得到足够的位深。但是,一张普通照片的密度范围在2.2左右,冲洗质量不佳或日久褪色的照片的密度范围往往只有1.5,甚至更低,这样的密度只占扫描仪密度范围的

---

① 田军:《实现照片档案数字化》,《中国档案》2002年第9期,第51～52页。

第七章 云南少数民族历史档案数字化建设的具体业务流程

一部分（专业扫描仪密度范围为 3.2~3.9），相应的数字图像的位数也会因此减少。这样就不能很好地反映照片档案的本来面目，因此在进行照片档案扫描时需要通过软件对位深进行调整。一般的做法是，在有效密度范围大于原扫描仪的同时，使用扫描软件将原稿图像信息扩展，使数字图像记录更多的原稿色调信息。①

（3）图像色彩模式选择问题。目前数字图像的色彩模式有 RCB、CMYK、LAB 等几种，照片档案扫描的色彩模式要根据用途和设备要求而定，一般推荐采用 RCB 模式。这是因为 RCB 模式是当前扫描工作中最为常用的模式，它采用增加法组合红色、绿色、蓝色后形成一个较大的颜色光谱，具有很好的适用性，并且一般扫描仪和数字照相机记录的也是 RCB 模式的图像信息。另外，中央档案馆的相关研究表明，在扫描照片档案时，无论是黑白照片还是彩色照片，选择 36 位 RCB 彩色模式作为数字图像模式效果比较好。在扫描黑白照片时，如果扫描仪灰度模式位深在 14 位以下，也建议使用 36 位 RCB 彩色模式，以补偿位深的不足，使图像色调细腻，层次更丰富。

（4）文件格式选择问题。作为档案保管的照片在数字化转换时应保留其完整的图像信息并具有通用性，这是确定文件格式的原则。只有保真度高、通用性强的数字图像，才有保存的价值。因此，我们需要选择保留原图像信息最多的格式作为参考格式。目前 TIFF（Taccec Imace File Format）格式是照片档案数字化可以广泛采用的一种通用格式。因为，TIFF 使用范围广泛，基本上成了一种事实上的保存格式标准，并且 TIFF 文件格式的位图

---

① 马淑桂：《照片档案数字化技术点滴》，《中国档案》2001 年第 6 期，第 47~49 页。

可适合任何尺寸和任何分辨率。另外，在理论上，它还有无限的位深，能对灰度模式、RCB 模式、索引颜色模式或 CMKY 模式进行编码，能被保存为无损的压缩和非压缩的格式等。

3. 缩微档案数字化

缩微档案数字化，是把缩微的胶片（卷）通过缩微胶片扫描装置转换为数字信息的过程。其工作要求和过程基本上与纸质档案数字化和照片档案数字化相似，不同的地方在于缩微档案数字化需要专用的设备系统。针对缩微档案的几种常用规格，如 16 毫米、35 毫米卷片、平片等，在选择缩微档案数字化系统时要求缩微扫描设备在性能指标上可以处理 16 毫米、35 毫米卷片、平片等缩微品，扫描和数字化处理的速度应达到国内外同类产品的性能要求。目前市场上可供选择的产品有日本 MINOLYA 公司的 micro – DAX3000 电子影像系统（Ugbrid Imaging System，包括 Ms3000 缩微胶片扫描仪和 PowerFilm 电子影像处理软件）、美国柯达公司的 KoVIS、美国贝尔浩文件管理产品公司推出的 FD4400 型缩微胶片数字化系统、数字方舟的数字文档管理系统等。另外，为了使缩微胶片上的文字信息清晰可辨，缩微档案扫描需要达到的采样密度（分辨率）最低不低于 300dpi，因为 300dpi 是光学字符识别 OCR 算法能够较准确识别的最低扫描分辨率要求[1]，缩微档案数字图像保存格式也建议采用 TIFF 格式。

4. 音频和视频档案数字化

音频、视频档案主要是指原来以模拟信号记录在各种载体上的音频、视频档案。其数字化工作主要是把模拟信号转换为数字

---

[1] 许昇兴：《广东省立中山图书馆的数字化资源建设与利用》，《图书馆建设》2003 年第 1 期，第 40~42 页。

第七章 云南少数民族历史档案数字化建设的具体业务流程

信息,并按一定格式存储在一定载体上。与其他类型档案相比,音频、视频档案数字化工作在要求、过程上也基本上相似,其主要区别集中在设备要求和技术指标上。

(1) 音频档案数字化。音频档案数字化所需投入较低,无需购置昂贵的高速扫描设备和数码录入设备,只需配置高质量的声卡而已。音频档案数字化不存在大的技术障碍,信息技术界已开发出各具特色、各有所用的音频格式,各种格式的转换软件比比皆是。对档案界来讲,需要重点考虑的是:对某种音频档案宜选用哪种音频格式、选择哪款转换软件、如何保真等问题。目前音频档案数字化可供选择的主流格式有 WAV 格式、CD 格式、DVD Audio 格式、MP3 格式、WMA 格式、ATARC 格式、AAC 格式(MP4)、VQF 格式、RA 格式、MIDI 格式等多种格式,其中 WAV、CD、DVD Audio 格式是无损压缩格式,其他格式均为有损压缩格式。不同格式的音频文件其存储空间、保真度是不同的,我们在进行音频档案数字化时要注意在存储空间与保真度之间取得平衡,选择合适的格式。例如,对少量珍贵、永久保存的音频档案,近线存储宜选择标准 WAV 格式,脱机存储宜选择 CD 格式;对于一般、长期保存的音频档案,则可视具体情况分别选择 MP3、WMA、AAC 等失真度较小的有损压缩格式。另外,可根据音频数字化对象不同,分别选择不同的格式,如音乐、歌曲等可选用 WAV、CD、DVD Audio 格式等,语言、声音等可选用失真度小的压缩格式。① 此外,还要注意格式的通用性和标准化以及是否有功能强大的软件支持等。

---

① 张照余:《音频档案数字化研究》,《档案学研究》2003 年第 1 期,第 53~57 页。

云南少数民族历史档案数字化建设

（2）视频档案数字化。视频资料（各种录像带等）是档案内容保存的重要形式，与纸质档案比较，视频资料包含的内容更丰富、直观。视频资料的数字化与音频档案数字化工作类似，它们的区别也主要集中在设备和技术指标上。视频档案数字化的核心设备是电脑视频采集卡和配套软件。从目前情况来看，占主导地位的电脑视频采集卡有两种：一种是以 MPEG 格式压缩视频信息输入电脑的专业压缩采集卡。通过此视频采集卡及配套的压缩软件，可以使视频档案压缩为 MPEG－ISIF、MPEGr－II2/3D1、MPEG－II 全 Dl 等编码格式的数字录像。据研究，普通模拟录像带选用 MPEG－ISIF 格式为好，这种格式视频清晰度为 260 水平输出线左右，图像尺寸为 352×2880（PAL 制），音频可为双声道立体声，颜色可达到真彩色，可转换 VCD 格式。数码带应该选用 MPEG－II 全 Dl 格式，这种格式视频清晰度可达 500 水平输出线，图像尺寸为 720×576（PAL 制），音频可为 5.1 声道，杜比为 AC－3，颜色可达到真彩色，可转换 DVD 格式。高清晰度模拟录像带应选用 MPEGr－II2/3D1 格式，视频清晰度为 350 水平输出线，图像尺寸为 480×576（PAL 制），音频可为四声道立体声，颜色可达到真彩色，可转换 VCD 格式；也可选用 MPEG－II 全 Dl 格式。另一种为专业的视频编辑采集卡及配套软件。此种是将录像信息采用 AVI 格式输入电脑，数据量大，占用空间多，而且费时，但有数据处理艺术加工等编辑功能。[①] 因此，要根据实际情况，考虑合适的视频采集卡及配套软件进行视频档案数字化。视频档案数字化的其他问题可参照纸质

---

① 潘伟德：《浅议录像档案的数字化》，《缩微技术》2002 年第 2 期，第 37~38 页。

档案和音频档案的数字化。

（二）数字档案的直接转化

随着信息技术和网络通信的飞速发展，以及数字档案信息利用的普及，一些个人、机构保存的云南少数民族历史档案已经进行数字化处理，公布在档案网站或私人博客、论坛里，这部分档案已成为云南少数民族历史档案数字化建设最为重要的信息来源。因此，在进行云南少数民族历史档案数字化建设时，除了把传统馆藏档案数字化外，还要做好数字档案的直接转化工作。

相对于传统载体档案的数字化来讲，数字档案的转化工作要简单、方便得多，其主要工作是做好选择范围内数字化档案信息的归档工作。其归档方式主要有逻辑归档、物理归档和文本转换归档三种。

逻辑归档，是将数字档案的管理权从网络上转移到档案部门，在归档工作中数字档案的存储格式和位置保持不变。这种归档方式解决了很多档案部门档案信息收集难的问题，扩大了档案部门的信息收集范围。

物理归档，是将已有的数字档案直接进行物理转移，即：把选择范围内的数字档案从原来的物理位置转移到云南少数民族历史档案数字化建设事先准备好的存储位置。物理归档还可细分为拷贝归档、压缩归档和备份归档三种。

文本转换归档，是将数字档案转换成纸质文件归档，并使纸质文件管理系统与数字档案管理系统建立互联关系。

（三）其他网络信息资源的获取

云南少数民族历史档案信息资源建设是数字化建设的主要基础工作，仅仅进行馆藏档案的数字化建设还远远不能满足档案用户的利用需求。扩大相关档案信息的收集范围，从其他网络获取信息资源是弥补云南少数民族历史档案不足的一条有效途径。它可以让各云南少数民族历史档案数字化建设单位在进行信息资源数字化建设时互通有无，共同为用户服务，积极发挥档案信息资源的作用。

网络信息资源的获取应该制定具体的规章制度以保证及时获取相关信息，增加云南少数民族历史档案的信息资源量，从网络上获取少数民族历史档案信息资源要遵守信息法规，只有取得所有权人的许可才能进行下载、传输和复制。网络档案信息的获取有两种方式：一是直接收集归档，把网络数字档案信息通过各种手段下载、存储到云南少数民族历史档案数据库系统中即可。这种方法需要得到所有权人的许可，才可进行，否则容易造成侵权。二是建立链接，即只提供地址链接，档案的保存地址不改变，这是当前获取网络信息资源比较流行的做法。但这种方法容易受网络地址变更的影响，使用户有时无法访问所链接的网页。针对以上情况，可以通过与原保管单位签订网络获取和共享数字档案信息的协议来保证长期、合法地获取网络档案信息。

三　对数字档案信息进行鉴定

在对各种的档案信息资源数字化后，为了保证获取的数字档案信息资源是准确的、全面的，我们需要对获取的相关云南少数民族历史档案数字信息资源进行范围、内容和技术指标的鉴定，并撰写鉴定结果。只有通过鉴定才能保证云南少数民族历史档案数字化建设的质量，保证获取的都是有保存价值的档案信息资源，才能发挥数字化建设的作用。

（一）信息范围鉴定

信息范围鉴定的主要作用是通过把已经获取的少数民族历史

档案数字信息资源与计划选择的数字档案信息进行比对，检验信息获取工作的实际成效，把不属于选择范围的档案信息剔除出去，重新获取没有获取或获取不完整的档案信息，以保证获取的档案信息齐全、完整。

（二）信息内容鉴定

信息内容鉴定指的是对获取的少数民族历史档案数字信息资源内容的真实可靠性与齐全完整性进行鉴定。

1. 信息内容的真实性鉴定

通过与原件进行比较，检验获取过程中是否出现偏差，是否维护了档案信息的真实可靠性。这里要分两种情况：对纸质档案等少数民族历史档案可以通过内容和形式的比对来鉴定，从文件记录的内容或外形格式是否与原件一致来证明其真实性；但是，对于诸如石刻档案、竹木档案、贝叶档案、兽骨档案等特殊载体材料的少数民族历史档案，数字化建设无法提供其原始格式和载体，对于这些档案，就只能通过档案内容的比对来确定其真实性。对于采用不同数字化技术形成的数字档案信息，要采用不同的鉴定方法。

2. 信息内容的完整性鉴定

主要是考察获取的某一信息资源是否全面、完整，包括某一信息内容是否获取全面、背景信息是否获取完整等。

（三）技术指标鉴定

技术指标鉴定是通过对我们采用的各种数字化技术手段的技术指标，诸如数据压缩格式、扫描参数、数据存储格式等进行鉴定，检查数字化档案的转化质量，确保档案信息不丢失、不失真。

四 精确地组织数字档案信息

信息组织是云南少数民族历史档案数字化建设的主要内容之

一，它是把分散的、无序的信息资源组织起来，为向用户提供精确的信息服务做准备。信息组织是一个信息增值的过程。在这个过程中，杂乱无章的原始信息变成一个有序、精良的信息系统，一个相对"粗放型"的信息系统转化为一个"集约型"的信息系统，并为信息的进一步增值（如信息的分析研究、升华为知识等）奠定必要的基础。①

(一) 信息资源组织的要求

为了精确地组织云南少数民族历史档案数字信息资源，为用户提供准确的信息服务，在组织信息资源时必须坚持精确性、全面性、一致性与标准化、知识化与智能化等要求。

1. 精确性要求

精确性是云南少数民族历史档案数字信息资源组织的基本要求。为了把湮没在数量庞大、类型众多、内容复杂的现代档案信息资源中的有用的云南少数民族历史档案数字信息资源准确地揭示出来，为社会提供优良的档案信息服务，就要严格遵循精确性的要求进行云南少数民族历史档案数字信息资源组织。云南少数民族历史档案数字信息资源组织的精确性是指档案的标引具有专指性，能够准确揭示档案的信息内容。档案信息组织人员应客观地根据档案的实际内容分析出档案的主题，避免单纯依据档案题名进行主题分析等。同时，还要选择适当的标引深度对档案内容进行标引，正确反映档案的具体内容和用途。

2. 全面性要求

全面性要求是指在组织云南少数民族历史档案数字信息资源

---

① 刘嘉：《网络信息资源的组织：从信息组织到知识组织》，北京图书馆出版社，2002，第 8 页。

第七章　云南少数民族历史档案数字化建设的具体业务流程

时,要从档案的内容特征和外形特征两个方面来标引和著录档案,确保全面、完整地揭示档案所包含的信息内容。全面性要求还包括组织的档案对象要全面,不能有遗漏。只有坚持全面性要求,才能提供便捷的、多途径的档案信息检索和利用。

3. 一致性与标准化要求

一致性与标准化要求是指在对云南少数民族历史档案进行著录和标引时要使用相同的标准,著录项目与标识符号的选择都要坚持采用同样的标准与原则,对标引词及标引深度也要保持前后一致。只有坚持一致性与标准化要求,才能保证不论环境因素如何变化,对档案信息的组织都始终采用一致的标准来揭示档案内容和特征,才能保证实现云南少数民族历史档案数字信息资源的共享。

4. 知识化和智能化要求

云南少数民族历史档案是少数民族先民在社会历史发展进程中形成的,反映了他们生产、生活、思想意识的各个方面,是珍贵的历史文化遗产。档案信息是人类知识和智慧的表现形式之一。为了准确地提供档案信息,让人们在利用档案时能最大限度地获取知识,云南少数民族历史档案数字信息资源组织就要尽量把档案信息转化为可识别、可利用的信息,便于人们掌握并在实践中转化为指导行动的知识。另外,在云南少数民族历史档案数字信息资源组织时,还要求提供智能化导航,减少信息"迷路",为人们查找和利用档案信息资源提供智能化支持。[①]

(二) 信息资源组织方式

1. 自由文本式

这种方式无需控制,无需用规范的语言对档案信息进行复杂

[①] 王心裁、吕元智:《超媒体数据库技术与档案信息组织》,《中国图书馆学报》2003年第1期,第68~71页。

的前处理,也不是对档案特征的格式化描述,而是电子计算机自动进行档案信息的组织与处理,用自然语言深入揭示档案文献的知识单元,依据档案全文灵活设置检索点。由于这种方式用自然语言进行检索,更加符合非专业人士的检索习惯,所以将可能成为用户检索数字档案信息的重要方式。

2. 超文本方式

传统的档案信息组织方式基本上是线性的,而超文本方式是一种非线性的组织方式。这种信息组织方式能够提供非顺序性的浏览功能,比传统的文本组织方式更加自由,它充分利用网络的灵活性和辐射能力,使用户在查询过程中随时挑选到自己感兴趣的信息。

3. 超媒体方式

这种方式可将文字、表格、图形、声音、动画等多媒体信息以超文本格式编辑在一起,使用户可通过高度链接的网络结构在各种信息库中自由浏览,找到任何媒体所载录的各种信息。

4. 超媒体数据库方式

它是超媒体方式与数据库方式的结合,它可以适应现代档案信息媒体的复合化、活动过程再现的逼真化、知识化[1]等特点。由于它具有的灵活性,所以可以从多方面满足档案信息资源组织的要求。

5. 主页方式

这种方式将有关某一机构、人物或项目(事件)的各种信息组织在一起,通过网页进行全面介绍或综述。

(三)信息资源组织的内容

云南少数民族历史档案数字信息资源组织的内容主要包括以

---

[1] 王心裁、吕元智:《超媒体数据库技术与档案信息组织》,《中国图书馆学报》2003年第1期,第68~71页。

第七章　云南少数民族历史档案数字化建设的具体业务流程

下部分。

1. 信息描述

信息描述是对信息资源进行著录、标引、评价的过程。对档案信息资源进行科学组织，离不开档案信息的描述。对信息的描述主要有著录和标引两种类型。[①]

一种是著录，是在少数民族历史档案数字信息加工存储时，按照一定的规则，对其内容与形式特征进行分析、选择和记录的过程。其内容特征是指对档案文件材料主题内容的揭示；形式特征包括少数民族历史档案的题名、责任者、形成时间、地点、档号、文种和载体材料等。著录实质上是对云南少数民族历史档案的内容和形式特征给予简明和概要的描述，为档案文件材料的检索提供条件。另一种是标引，指在云南少数民族历史档案数字信息的著录过程中对档案文件材料内容进行分析和选择，并赋予其规范化检索标识的过程。

2. 信息序化

信息组织的目的，就是为了使原本杂乱无章的信息变得有序。对档案信息进行序化是云南少数民族历史档案数字信息资源组织工作必不可少的重要环节。云南少数民族历史档案数字信息资源组织可以根据档案信息的内容特征和外在特征，如档案所反映的主题、形成者、事由、形成时间、密级等进行序化，形成多个有序的云南少数民族历史档案数字信息资源子系统。

3. 信息整合

云南少数民族历史档案数字信息资源组织除了把无序的信息整理形成有序的信息资源子系统外，还要把云南少数民族历史档

---

① 洪漪：《档案信息组织与检索》，武汉大学出版社，1998，第60页。

案数字信息资源进行整合。这个工作主要包括以下部分：第一，把类似的、相关的云南少数民族历史档案数字信息资源整合在一起，形成众多具有特色的信息资源子系统。第二，把云南少数民族历史档案数字信息资源与其他类型的信息资源进行整合，扩大云南少数民族历史档案数字信息资源涵盖的内容，扩大云南少数民族历史档案数字信息资源管理系统的适应面，不断提升云南少数民族历史档案数字信息资源的价值和核心竞争力。

五 科学地存储数字档案信息

云南少数民族历史档案数字化建设面临的一个复杂的问题是数字档案信息的科学存储，如何保证数字信息资源的长期保存和被用户获取的可能，是除了安全考虑外，存储数字档案信息面临的最为关键的问题。为此，我们要坚持科学的原则，采取合适的技术和措施根据数字档案信息资源的特性做好存储工作。

（一）制定合理可行的存储技术方案

目前的存储设备和格式多种多样，不同存储设备的保管方法和使用寿命不尽相同，但是没有任何存储技术能保证数字信息的永久保存和读取。目前在计算机领域，数字档案馆相关技术是最综合、最尖端的，几乎囊括了计算机网络技术所要解决的所有问题，从海量信息存储到面向对象的分布式管理，从模式识别、基于知识内容的挖掘和检索到人机界面技术等，因此，它也是发展最为迅速的，不可能有十全十美或一步到位的方案。[①] 如何制定合理的存储技术方案，以有限的代价，在资金技术的制约下，最

[①] 石德万：《数字图书馆信息资源保存的分析》，《高校图书馆工作》2002年第2期，第28~31页。

大限度地实现长期存取的目的,是制定存储方案主要解决的问题。

(二) 使用数字档案信息存取的通用标准和要求

在存储云南少数民族历史档案数字信息资源时,要遵循一些标准和要求,如数字信息保存的格式标准、存储的元数据格式标准、信息资源标识标准、归档标准等,力保数字档案信息资源的存储安全,促进信息资源的共享。

(三) 选用性能稳定的存储设备

数字档案的保存受载体材料的影响,要保证云南少数民族历史档案的安全保存和长期存取,就必须选用性能优越、质量可靠的存储设备。云南少数民族历史档案数字信息资源的存储要考虑相关规章制度,借鉴诸如图书馆等相关行业的数字信息存储经验。中华人民共和国国家档案局的行业标准《办公自动化电子文件归档与电子档案管理方法》中规定：电子文件应"拷贝至耐久的载体",推荐采用的载体按优先顺序分别是：只读式光盘、一次写入光盘、可擦式光盘、磁带,禁止使用磁盘作为归档电子文件的保管用载体等。[①]

(四) 开展广泛的合作与协调

云南少数民族历史档案数字化建设是一个集多种信息技术为一体的复杂工程。单纯依靠档案部门无法解决建设中面临的诸多问题和困难,建设的顺利进行需要多部门、多行业的合作与协调。在云南少数民族历史档案数字信息资源存储合作方面,不仅需要在本国进行,更需要在世界范围内跨行业进行。在这方面已

---

① 石德万：《数字图书馆信息资源保存的分析》,《高校图书馆工作》2002年第2期,第28~31页。

经有了许多成功的例子,如 TF2001PADI 调研组(澳)、数字归档特别工作组(美)与 ECPA(欧盟)就是以保护数字信息存取为目的的合作组织①等。另外,数字档案馆信息资源的存储是一个涉及多因素、有风险的管理过程,它与机构间合作、政策与法规、经济与技术以及商业竞争等因素有关②,需要社会各界广泛合作,共同协调。

六 做好元数据抽取工作

关于元数据最一般的解释是"关于数据的数据"(Data About Data),是"一种描述数据的数据,是一种信息管理工具"③。因此,在云南少数民族历史档案数字化建设的具体业务中也需要制定出相应的元数据集模型,并进行元数据抽取,形成元数据集为日后的管理和利用工作服务。

(一)制定相关的元数据集模型

鉴于元数据在数字信息管理和利用工作中的重要作用,云南少数民族历史档案数字化建设工作应把相关元数据工作列入其工作计划范畴,制定出相关的元数据集模型。

从信息界的研究成果来看,目前著名的元数据标准或模型有机读目录格式(MARC)、都柏林核心元素集(DC)、艺术作品著录类目(CDWA)、电子文本编码与交换(TEI)、编码档案描述著录(EAD)、视觉资料核心类目(VRA)、美国匹兹堡大学

---

① 刘家真:《保护数字信息的长期存取策略》,《武汉大学学报》1999 年第 4 期,第 146~149 页。
② 石德万:《数字图书馆信息资源保存的分析》,《高校图书馆工作》2002 年第 2 期,第 28~31 页。
③ 章丹、谭净培:《档案元数据研究剖析》,《湖北档案》2002 年第 3 期,第 14~15 页。

第七章　云南少数民族历史档案数字化建设的具体业务流程

的文件元数据模型等多种形式。在进行数字档案馆信息资源建设时，我们可以参考这些已经成形的标准或模型，制定符合自己工作要求的元数据集模型。另外，具体的元数据制定，我们可以借鉴深圳数字档案馆建设的《数字档案元数据集模型》中的背景元数据和日志元数据①，以及台湾社会人文电子影音数字博物馆 Metadata 等，结合元数据制定标准来制定。

（二）元数据的抽取和存储

根据制定的元数据模型和元数据抽取要求，对云南少数民族历史档案数字信息资源的元数据进行抽取。元数据的抽取，一般来讲，分为三个过程：一是形成文件的系统自动抽取；二是处理文件的系统自动抽取；三是管理文件的系统自动抽取，在管理文件的系统中，有些元数据还需要人工抽取。抽取元数据后，根据事先安排，集合成元数据集，并存入云南少数民族历史档案数字信息资源管理系统中，为管理和利用提供服务。

七　开发数字档案信息资源

开发云南少数民族历史档案数字信息资源，在这里仅指在狭义层面上对云南少数民族历史档案数字信息资源进行开发，即一种创造和生产新的信息产品的活动，它是信息资源开发的一种高级形式。② 云南少数民族历史档案数字信息资源的开发要采用多种有效的方式，向用户直接提供少数民族历史档案数字信息及其信息加工材料，及时、准确地满足社会各界对云南少数民族历史档案的利用需求。利用服务应根据利用者的不同需求，努力做到

---

① 朱莉：《元数据在电子文件管理中的应用研究》，武汉大学研究报告，2002。
② 肖明：《信息资源管理》，电子工业出版社，2002，第168页。

广开门路、畅通渠道，为利用者利用云南少数民族历史档案数字信息资源创造便利条件。

为了有效地开发云南少数民族历史档案数字信息资源，提供符合社会公众需求的信息产品和信息服务，我们应该采取以下策略。

（一）选准目标市场

选准目标市场策略，又称市场定位策略，是云南少数民族历史档案数字信息资源开发的首要问题。它要求信息资源开发者根据用户对云南少数民族历史档案数字信息资源及其他信息的不同属性的重视程度，运用有目的的措施，塑造与众不同的个性和形象，从而使开发出来的信息产品在市场中确立自己的位置。① 云南少数民族历史档案数字信息资源开发，要根据不同的信息类型和市场需求特征开发出符合市场需求的数字档案信息产品。

（二）加强合理投入

开发少数民族历史档案信息资源离不开资金、人才、设备的投入，但是投入也不是盲目投入，需要考虑投入与利用效益的问题，我们只能把有限的资源投入到急需开发的项目中，使市场最急需的档案信息资源得到及时开发，并提供利用服务。

（三）紧跟时代步伐

紧跟时代步伐是提高云南少数民族历史档案数字信息资源开发效率的重要举措。目前，整个信息资源管理领域是信息技术高速渗透和普遍应用的领域，采用先进的信息技术可以提高信息资源的开发效率。② 云南少数民族历史档案数字信息资源开发需要多方面的技术支持，要紧跟技术发展的步伐。另外，云南少数民

---

① 肖明：《信息资源管理》，电子工业出版社，2002，第170页。
② 肖明：《信息资源管理》，电子工业出版社，2002，第170页。

族历史档案数字信息资源开发应该随着社会对档案信息产品需求的不断变化而变化，充分满足社会对数字档案信息的利用需求。

（四）开发特色档案

开发特色档案是云南少数民族历史档案数字信息资源开发的制胜法宝。云南少数民族历史档案种类繁多，载体形式多种多样，有用白文、彝文、傣文、壮文、东巴文、水书等文字书写而成，保存在树叶、竹木、兽皮、兽骨等各种载体上涉及各方面内容的档案信息。云南少数民族历史档案数字信息资源开发工作要充分利用档案信息资源的独特优势，开发出具有地方民族特色的档案信息，使云南少数民族历史档案数字信息资源在信息特色服务领域占有一席之地。

（五）实行联合开发

云南少数民族历史档案数字信息资源开发是一项全面性的工作，它在技术人才借调、资金资助等许多方面都提出了相应的要求。它需要多方面协调合作，如各档案馆之间的合作；档案部门与其他如信息产业部门等一些相关部门的合作；各地区之间的协调等，实行多地区、多部门联合开发，共享人才信息设备等，加快数字档案信息的开发步伐。

八 进行数字档案信息的维护与更新

（一）云南少数民族历史档案数字信息资源的维护

云南少数民族历史档案数字信息资源的维护是为了保证云南少数民族历史档案数字信息资源管理工作和利用工作能够正常进行。云南少数民族历史档案数字信息资源的维护工作需要制定严格的管理制度，需要有先进的信息技术作为保证。

第一，制定数字档案信息维护制度，把维护工作纳入云南少民族历史档案数字化建设体系,通过制度使维护成为日常工作。

第二,设置专职的工作岗位,安排专职维护人员定期进行云南少数民族历史档案数字信息资源的维护工作。

第三,根据云南少数民族历史档案数字信息资源维护工作的需要,加大资金投入,保证维护技术的升级和设备的购置。

第四,建立容灾系统。为了保障云南少数民族历史档案数字信息资源运行的稳定与安全,云南少数民族历史档案数字信息资源维护工作需要建立一个有效的容灾系统,应付各种瞬时性灾害和延时性灾害,并需要采用本地容灾方式、异地容灾方式和数据备份方式等为数字档案信息资源提供安全保障。[①]

云南少数民族历史档案数字信息资源维护工作是云南少数民族历史档案数字化建设的一项长期性工作,它需要设置固定的维护岗位、配备专职维护人员和制定严格的管理制度来保障维护工作的持续开展。

(二) 云南少数民族历史档案数字信息资源的更新

信息技术的发展导致原有技术因过时而被淘汰,数字化建设的持续开展导致数字档案信息的不断生成,这些变化都要求我们在进行云南少数民族历史档案数字化建设时不断更新技术设备和档案信息资源,其更新工作包括三大方面。

1. 存入新的数字档案信息

主要是把随着数字化建设进展和用户利用需求变化产生的新生数字档案信息存入云南少数民族历史档案数字信息资源系统中。只有不断地更新档案信息,才能适应社会变化导致社会公众

---

① 刘荣:《数字档案馆的信息安全与容灾系统的建立》,《档案学研究》2003年第3期,第48~50页。

对档案信息利用需求的变化。

2. 销毁失去价值的信息

虽然我们可以通过压缩格式来缩小数字档案信息的存储空间，但是没有任何一种存储设备可以满足无限制存入的要求。这就需要我们对档案信息按照一定的标准、原则和方法进行鉴定，判定档案信息的价值，把那些失去保存和利用价值的数字档案信息定期剔除。

3. 信息系统的更新

随着信息技术的更新换代，云南少数民族历史档案数字信息资源系统原来建立的信息系统，如管理应用软件、存储设备、保存格式等，无法适应信息技术发展对档案管理和利用的要求，我们就有必要进行信息系统的更新，这样才能保证数字档案信息的长期存取。

第四节 建立绩效评估体系

一 建设绩效评估的含义与意义

云南少数民族历史档案数字化建设绩效评估是指运用数理统计、运筹学原理和特定的指标体系，对照一定的标准，按照一定的程序，通过定量、定性对比分析，对建设项目在一定时期内的建设情况做出客观、公正和准确的综合评判。

为了保证云南少数民族历史档案数字化建设不偏离原来的轨道，始终朝着正确的方向发展，就需要对建设项目进行绩效评估，把绩效评估纳入建设工作规划，保证云南少数民族历史档案数字化建设取得最大成效。建设绩效评估，在云南少数民族历史档案数字化建设中起着"承前启后"的作用，具有十分重要的现实意义。

其一，通过绩效评估，能不断发现云南少数民族历史档案数字化建设过程中存在的问题和偏差，并分析这些问题和偏差是由什么原因导致的，受何种因素的影响，进而有针对性地解决这些问题。通过绩效评估的这种循环反馈使云南少数民族历史档案数字化建设工作顺利发展下去，并不断地改进，提高云南少数民族历史档案数字化建设水平。

其二，实施绩效评估，有助于把云南少数民族历史档案数字化建设过程中的工作经验总结上升为理论知识，为以后的云南少数民族历史档案数字化建设工作提供借鉴、参考。

其三，实施绩效评估，对建立正确的激励机制有促进作用，通过绩效评估激发工作人员的创造力与积极性，增强他们的责任感，不断提高云南少数民族历史档案数字化建设工作的整体水平。

其四，实施绩效评估，有助于准确定位云南少数民族历史档案数字化建设的核心资源和核心竞争力，为云南少数民族历史档案数字化建设工作指明正确的方向。

二 进行建设绩效评估的原则

绩效评估的结果对云南少数民族历史档案数字化建设工作有导向作用，因此绩效评估是一项严谨的工作，如果做出的绩效评估是错误的，它将给今后的数字化建设工作带来无法预计的损失。因此，必须坚持科学的原则进行绩效评估，总的来说，它包括以下几个方面。

（一）客观评估与主观认知相结合

要确保评估的公正、合理，一般都要突出评估的客观性原则，尽量减少其中主观因素的干扰。然而，云南少数民族历史档案数字化建设的决定性因素之一是人的参与,因此,我们在坚持客观性原则的同时,也不能忽视人的主观认知因素对建设的影响。强调主观认知在评估中的重要性,实际上是强调数字化建设参与者主观能动性的发挥。因此,在进行绩效评估时,我们还要注意数字化建设者对工作成效的预期以及建设的效果满意度。

(二) 评估空间与时间上的延伸

在开展绩效评估工作的时候通常要对空间和时间范围有一个明确的规划,即评估和分析的是一定空间范围内的对象在一定时间内达到的效益和效果,以确保具体评估工作的目的性和可行性。云南少数民族历史档案数字化建设的绩效评估也要遵循这条原则,但鉴于数字化、网络化环境的特殊性,其绩效评估的规划与实施,在考虑空间和时间范围的限定时应该有所突破。数字化建设跨越了机构、行业和学科的界限,从个体化操作向社会化操作转变,由封闭式服务向开放式服务转变,绩效评估所需的数据既有本地数据又有网络远程相关数据,既有本部门的数据也有相关部门的数据。因此,数字档案信息的绩效评估应该在时间和空间上适当扩展,才能结合内外部环境,从全局考察建设的绩效。

(三) 经济效益与社会效益并重

以往为了突出档案机构的文化事业性质和档案的宣传教育功能,绩效评估更多地向社会效益倾斜,但是进行数字化建设后,数字档案信息的开发利用可以促进经济、科技发展,促进云南旅游文化的发展,加上部分数字档案信息的有偿利用,这些使档案数字化建设产生了明显的经济效益。因此,进行绩效评估时要注意社会效益与经济效益并重的原则。

(四) 静态评估与动态评估相结合

首先,随着数字化建设的进展,反映建设绩效的各项指标层出不穷，只有从发展变化的角度去研究和考察影响数字化建设的各种因素，制定能够揭示其复杂关系及影响建设方向和建设结果的指标和参数，才能客观反映实际情况。其次，数字化建设绩效评估对数字化技术和工具的依赖性不断加大，必须借助高效数字技术对建设情况进行深入探查，才能掌握有效而可靠的数据。所以，与数字化建设相适应的评估，必须在评估体系相对稳定的前提下，提高指标和统计变量的动态性。

三 建立绩效评估指标体系

绩效评估是按照既定的指标和参数对云南少数民族历史档案数字化建设效果进行测评的一项检测性的工作，它需要有相应的评估内容和指标体系。

（一）建设绩效评估的内容

对云南少数民族历史档案数字化建设进行绩效评估，主要包括对以下内容的评估。

1. 信息资源体系评估

这一部分主要是对云南少数民族历史档案信息资源的构成、种类、质量、收集范围、组织方式及开发利用效果的评估，即：对云南少数民族历史档案信息资源库的综合评价。

2. 信息资源体系的建设情况评估

这一部分评估工作主要是检查云南少数民族历史档案数字化建设过程是否按预期的计划进行，是否符合规范，其主要是评估具体信息获取能力、信息鉴定质量等数字化建设工作的质量。

3. 信息资源系统的运行情况评估

这一部分评估是围绕云南少数民族历史档案数字信息系统运行情况进行的，主要是对云南少数民族历史档案系统的稳定性、安全性、便利性等情况进行评估。

(二) 建立绩效评估的指标体系

根据上述评估内容,就可以建立云南少数民族历史档案数字化建设的绩效评估指标体系(见表7-2),指导具体的评估工作。

表7-2 云南少数民族历史档案数字化建设的绩效评估指标体系

序号	评估内容	评估的具体指标	评估的具体内容
1	信息资源体系	信息资源构成	资源由哪些构成,各占多大比例,有什么类型,哪些是传统载体的信息转化而来,哪些是直接由电子文件转化等
		信息资源质量	是否符合标准,是否全面,是否真实,是否符合用户的要求等
		信息产品情况	能提供什么样的信息产品(或服务),产品有什么类型,产品是否具有特色等
		信息开发层次	是否进行了开发,开发的深度如何等
2	信息资源体系的建设情况	信息资源范围选择	信息选择是否全面,是否合理等
		信息资源获取	获取信息的质量是否符合要求,信息是否获取全面等
		信息资源鉴定	鉴定是否准确,是否及时等
		信息资源组织	组织是否合理,是否便于管理、利用等
		信息资源存储	存储方式是否合理,存储载体选择是否得当
		元数据抽取	元数据模型是否科学,抽取工作是否准确等
		信息资源开发	开发的产品是否符合社会需求,是否进行深层次开发等
		信息资源维护与更新	是否能进行维护,更新是否方便等
3	信息资源体系的运行	管理方面	系统是否稳定,是否具有良好的容错能力,管理是否方便等
		利用方面	用户是否方便进入,检全率、检准率如何等

资料来源:吕元智:《数字档案信息资源建设管理研究》,武汉大学研究报告,2004。

四 慎重选择建设绩效评估方法

在绩效评估领域，根据已有的经验和研究成果，可以采用的方法和技术十分丰富。即使是云南少数民族历史档案数字化建设的绩效评估，也没有万能的、固定的技术和方法。目前，被普遍采用的或可供借鉴的评估方法，通常被划分为定性评估方法、半定量评估方法、定量评估方法等。但是，实际的评估活动一般不太可能单纯采用定性或定量的方法，多种方法联合运用的情况比较多。云南少数民族历史档案数字化建设评估要根据评估活动的阶段和步骤来考察评估方法，宜采用定量评估与定性评估相结合的方法，进行综合评估。

（一）定性评估方法

定性评估方法是指用评语或事例等形式对数字化建设的绩效状态或行为表现加以定性描述的评估方法，是通过非数学计算方法得出的结论。此种方法的具体做法是：根据评估指标所考核的内容，由评估人员依据评估参考标准判定实际指标达到的等级，然后给出评估分。例如，评估数字档案馆的信息收集能力指标，就可以制定评估参考标准，如表7-3所示，由评估人员依据参考标准，综合评估数字化建设成效，其他项的指标评估也可以此类推。

表7-3 定性评估指标等级与参数

评估指标级别	等级参数	评估指标级别	等级参数
优（A）	1	低（D）	0.4
良（B）	0.8	差（E）	0.2
中（C）	0.6		

资料来源：高立法、冯腾达：《企业经营分析与绩效评价》，经济管理出版社，2001，第256页。

（二）定量评估方法

定量评估是应用数学工具对绩效评估项目进行定量描述和综合分析。对云南少数民族历史档案数字化建设中的一些能用数量反映的指标运用定量评估方法来测评。本书介绍功效系数法。功效系数法是根据多目标规划原理，把所要评估的各项指标分别对照各自的标准，并根据各项指标权数，通过功效函数转化为可以度量的评估分数，再对各项指标的单项评估分数进行加总，求得综合评估分数，其计算公式如下：

$$单项指标评估分数 = 60 + \frac{该指标实际值 - 该指标不允许值}{该指标满意值 - 该指标不允许值} \times 40^{[1]}$$

采用上述公式，可以计算出数字档案馆信息资源建设绩效评估的部分指标值，如信息检全率、检准率等。

五 开展建设绩效评估

云南少数民族历史档案数字化建设绩效评估是一项复杂的工作，需要构建一定的程序对其进行评估，为了便于论述，本书构建了建设绩效评估程序，如图7-2所示。

从图7-2中可以看出，云南少数民族历史档案数字化建设绩效评估，需要分以下步骤进行。

第一步：确定评估对象，成立评估小组和专家咨询小组。这一步主要是明确评估对象的时间、空间范围以及评估的主要内容。

第二步：制定绩效评估方案，收集各个行业、学科、机构的

---

[1] 高立法、冯腾达：《企业经营分析与绩效评价》，经济管理出版社，2001，第298页。

云南少数民族历史档案数字化建设

```
        评估开始
           ↓
确定评估对象、成立评估小组和专家咨询小组
           ↓
   制定评估方案、收集基本资料、数据
           ↓
       开展各项具体评估
           ↓
       撰写初步评估报告
           ↓
        收集反馈信息
           ↓
       撰写正式评估报告
           ↓
    报送领导层，并归档保存
           ↓
         评估结束
```

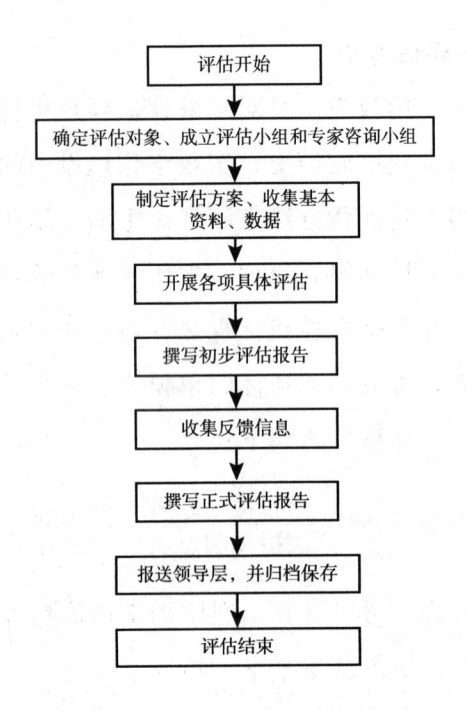

图7-2 云南少数民族历史档案数字化建设绩效评估程序

有关云南少数民族历史档案数字化建设的基础数据资料，收集本地数据和网络远程相关数据，这里主要包括数字档案信息的选择范围、检索利用效果、数字化的技术手段、管理软件、信息设备等基础资料的收集。

第三步：根据评估方案，开展具体的评估工作。利用各种评估技术指标，采取定性评估与定量评估相结合的方法评价云南少数民族历史档案数字化建设的成效，并得出各项评估的结论。

第四步：征求专家意见，向咨询小组进行咨询，并根据各项评估结果，撰写云南少数民族历史档案数字化建设绩效评估的初步报告。

第五步：把初评报告下发到数字化建设的各具体工作岗位，要求各岗位对其进行核实，并收集反馈信息。

第七章　云南少数民族历史档案数字化建设的具体业务流程

第六步：根据反馈信息，修改初评报告，撰写正式的云南少数民族历史档案数字化建设绩效评估报告。

第七步：把评估报告送交管理决策部门，并将有关评估资料和报告归档保存。

档案信息资源建设绩效评估工作到此方可告一段落。

结　语

　　云南少数民族历史档案数字化建设是一项集专业性、技术性、综合性为一体的综合系统工程，总的来说，不管是国内还是国外，档案信息化建设虽然取得了一定的成就，但对于少数民族历史档案的数字化建设来说，还处于起步与探索阶段，处于尝试性的初级应用阶段。

　　在理论研究方面，目前还没有把云南少数民族历史档案数字化建设作为独立课题进行研究，现阶段云南少数民族历史档案数字化建设研究还处于分散状态，还没有形成一个系统、全面的研究体系，大部分与云南少数民族历史档案数字化建设相关的研究内容仅仅是穿插于其他研究文献之中。云南省档案数字化建设实践刚起步，很多基层还没开始，理论探讨缺乏实践的支撑和验证。

　　本书对云南少数民族历史档案数字化建设的内容、必要性和可行性问题进行探讨，然后对档案数字化建设过程中面临的标准化问题、基础设施建设问题、法律问题、安全问题、技术体系问

结　语

题、人才问题等进行了分析，在积极借鉴国内外先进经验的同时，提出了自己的一些设想和建议，希望这部浅陋之作能给当前的云南少数民族历史档案数字化建设提供一些参考，可以让更多的学者投身到云南少数民族历史档案数字化建设的研究和实践中。但是，由于水平有限，对有些问题还缺乏深入探讨，对云南少数民族历史档案数字化过程中的具体问题还未能涉及，有待作者及档案界同行继续研究。任重而道远，吾将上下而求索。

参考文献

一 期刊论文

[1] 许文娟:《关于海南少数民族文献数字化建设的思考》,《琼州大学学报》2006年第6期。

[2] 陈雁婕、闵红云等:《论云南地方少数民族文字文献数据库构建》,《云南民族大学学报(哲学社会科学版)》2005年第1期。

[3] 包和平:《少数民族文字文献数字化的规范控制》,《现代图书情报技术》2004年第5期。

[4] 包和平:《关于少数民族文字文献的数字化思考》,《图书馆论坛》2004年第6期。

[5] 张继民、李凤芹:《信息论系统论控制论的档案应用》,《济宁师范专科学校学报》2003年第3期。

[6] 华林:《论少数民族文字历史档案的数字化技术保护》,《档案学研究》2006年第2期。

[7] 康蠡：《论云南少数民族档案在民族文化旅游中的价值及实现途径》，《云南档案》2008年第2期。

[8] 王玉然：《图书馆信息采集数字化处理的基本技术》，《农业图书情报学刊》2008年第7期。

[9] 华林：《西部大开发与少数民族历史档案保护政策研究》，《档案学研究》2002年第2期。

[10] 华林：《云南民间少数民族历史档案的流失及其保护对策研究》，《档案学研究》2007年第4期。

[11] 王幼红：《贵州少数民族文献数字化建设探讨》，《贵州民族研究》2006年第2期。

[12] 田会明：《少数民族文献资源数字化刍议》，《佳木斯大学社会科学学报》2003年第6期。

[13] 宋绮：《关于构建云南少数民族文献资源数据库的思考》，《云南社会科学》2002年第2期。

[14] 胡敏：《略论西部少数民族文献信息资源建设现状与对策》，《康定民族师范高等专科学校学报》2004年第4期。

[15] 金玲、刘英男：《论我国少数民族文献信息资源建设》，《科技信息》2008年第28期。

[16] 马俊龙：《浅析民族文献信息资源开发与建设》，《图书馆工作与研究》2003年第6期。

[17] 华林：《少数民族文字历史档案的数字化建设》，《中国档案》2005年第11期。

[18] 安群英、曹德玉等：《我国少数民族文献信息资源数字化建设探讨》，《西南民族大学学报》2003年第10期。

[19] 陈奇志：《关于西部少数民族文献资源数据库建设的思考》，《情报资料工作》2001年第5期。

[20] 李静：《西部大开发与民族文献信息化建设》，《楚雄师范学院学报》2002年第3期。

[21] 李静：《关于加强西部地区民族文献信息化建设的探讨》，《西北民族学院学报》（哲学社会科学版）2002年第3期。

[22] 子志月：《云南少数民族历史档案建设初探》，《云南档案》2008年第10期。

[23] 宋光淑：《云南民族研究文献资源与其特色文献数据库建设》，《云南师范大学学报》2001年第3期。

[24] 陈洪澜：《论21世纪信息资源建设的多元化格局》，《情报资料工作》2004年第S1期。

[25] 向立文：《馆藏档案信息数字化建设应坚持的几个基本原则》，《档案学通讯》2004年第1期。

[26] 向立文：《新形势下档案信息资源开发创新建设初探》，《档案天地》2003年第1期。

[27] 高全忠、王晓真：《略谈档案数字信息管理工作》，《档案与建设》2002年第10期。

[28] 王欢喜：《数字档案馆数字资源的标准化建设》，《档案管理》2002年第6期。

[29] 赵淑梅：《数字档案资源的建设》，《辽宁大学学报（哲学社会科学版）》2003年第3期。

[30] 谭玡培：《信息资源建设：档案馆数字化的主体》，《湖北档案》2003年第1期。

[31] 方蕉：《数字档案馆的研究与开发》，《档案学通讯》2001年第5期。

[32] 傅荣校：《关于数字档案馆的思考》，《档案学通讯》2001年第5期。

[33] 胡胜友：《数字档案馆建设构想》，《档案》2001 年第 2 期。

[34] 陈姝：《数字档案馆的信息资源建设》，《北京档案》2002 年第 5 期。

[35] 张建国、张英彩：《关于档案信息化建设中几个问题的思考》，《山东档案》2002 年第 1 期。

[36] 李爱春：《档案全文信息上公众网的法律问题》，《山西档案》2003 年第 3 期。

[37] 孙彦玲：《浅谈原始馆藏有选择地数字化》，《档案》2002 年第 3 期。

[38] 詹秋冰：《数字化照片原始性真实性问题的思考》，《福建档案》2003 年第 2 期。

[39] 李慎民、杨杰：《信息化建设与数字档案馆》，《电力档案》2002 年第 4 期。

[40] 戴定丽：《数字化权对数字档案馆建设的影响及对策探讨》，《档案时空》2003 年第 10 期。

[41] 张照余：《数字化档案的文件格式选择》，《档案学通讯》2003 年第 6 期。

[42] 曾燕飞：《数字档案的局限性及其解决》，《湖南档案》2000 年第 5 期。

[43] 张文浩：《文件电子化和档案数字化给档案管理带来的变化》，《档案》1998 年第 5 期。

[44] 吴彩霞：《浅谈档案数字化管理》，《济宁师范专科学校学报》2003 年第 10 期。

[45] 李兆明：《数字档案与虚拟管理初探》，《广州档案》2000 年第 6 期。

[46] 傅荣校：《关于数字档案馆的思考》，《档案学通讯》2001

年第 5 期。

[47] 傅荣校：《馆藏档案数字化策略》，《中国档案》2003 年第 3 期。

[48] 傅荣校：《认识数字档案馆——兼论数字档案馆与虚拟档案馆的区别》，《中国档案》2001 年第 5 期。

[49] 傅荣校：《新世纪档案管理现代化的发展探论》，《上海档案》2001 年第 3 期。

[50] 禹志梅：《高校数字化档案建设的可行性研究》，《科技与经济》2006 年第 3 期。

[51] 李金云：《浅谈高校档案的数字化建设》，《科技情报开发与经济》2010 年第 35 期。

[52] 郭金菊：《当前档案数字化建设的实践与思考》，《中国医疗前沿》2008 年第 19 期。

[53] 谢翠香：《论高校档案馆数字化建设》，《档案》2010 年第 1 期。

[54] 朱萍：《基层档案数字化建设探讨》，《江苏科技信息》2010 年第 3 期。

[55] 龚燕华：《谈成本与效益对档案数字化的理性思考》，《浙江档案》2005 年第 11 期。

[56] 咸杰：《档案数字化建设中应遵循的原则》，《档案时空》2006 年第 12 期。

[57] 刘巍峻：《找准档案数字化建设的切入点》，《秘书之友》2008 年第 9 期。

[58] 金向阳：《实现档案数字化建设需要注意的问题》，《兰台世界》2005 年第 4 期。

[59] 梅先辉：《论少数民族档案的定义》，《档案学研究》1992

年第 2 期。

[60] 华林、关素芳：《云南少数民族档案遗产保护机制的构建》，《中国档案》2010 年第 2 期。

[61] 郑荃：《西南少数民族纸质历史档案的抢救与保护》，《档案学通讯》2005 年第 5 期。

[62] 李莉：《浅谈历史档案的现代管理》，《北方经贸》2001 年第 3 期。

[63] 黄小忠：《历史档案数字化过程中的管理系统问题研究》，《档案学通讯》2010 年第 3 期。

[64] 史江、秦慧、赵德喜：《历史档案数字化进程中的业务外包问题探索》，《档案学通讯》2010 年第 1 期。

[65] 石国杰：《浅谈档案数字化工作》，《浙江档案》2005 年第 4 期。

[66] 李建朋：《档案数字化面临的风险及其防控》，《四川档案》2011 年第 2 期。

[67] 金红：《档案信息的数字化建设》，《机电兵船档案》2011 年第 2 期。

[68] 霍艳梅：《底图档案的数字化前处理工作》，《机电兵船档案》2011 年第 2 期。

[69] 俞志华：《ISO9000 质量管理体系在档案数字化加工中的运用》，《机电兵船档案》2011 年第 2 期。

[70] 于雷：《档案数字化面临的现实问题》，《黑龙江史志》2011 年第 8 期。

[71] 李翠艳：《档案数字化过程中的信息保密》，《黑龙江科技信息》2011 年第 13 期。

[72] 朱艳莹：《浅谈新时期事业单位档案的数字化管理》，《当

代经济》2011年第6期。

[73] 江旭：《城建档案管理数字化建设问题的思考》，《黑龙江档案》2011年第1期。

[74] 张锐：《关于馆藏历史档案数字化转换问题的探讨》，《黑龙江档案》2011年第1期。

[75] 蔡丽萍：《高校档案数字化建设实践与思考》，《档案管理》2011年第2期。

[76] 谭必勇：《从非物质文化遗产数字化看档案信息资源开发利用》，《档案管理》2011年第2期。

[77] 庞莉：《基于数字信息长期保存的音频、视频档案数字化研究》，《城建档案》2011年第4期。

[78] 钟文玉：《如何做好档案数字化管理》，《城建档案》2011年第4期。

[79] 霍妍琳：《国内外视频档案数字化的技术现状分析》，《北京档案》2011年第4期。

[80] 何晓琴：《基于CBS模式的档案管理数字化系统的研究》，《信息安全与技术》2011年第Z1期。

[81] 刘萍：《照片档案数字化管理初探》，《云南档案》2011年第3期。

[82] 潘革：《"非遗"档案数字化与图书馆建设》，《图书馆学刊》2011年第3期。

[83] 金江梅：《高校数字化档案信息的优化管理策略》，《陕西档案》2011年第1期。

[84] 张小亚：《高校历史档案数字化加工问题探讨》，《兰台世界》2011年第6期。

[85] 张藏云：《档案数字化存储的知识产权问题》，《兰台世

界》2011 年第 6 期。

[86] 戈妍妍:《浅谈档案数字化建设》,《科技信息》2011 年第 1 期。

[87] 沙敏:《高校档案数字化建设的认识与思考》,《科教导刊》2011 年第 2 期。

[88] 林丽群:《浅析档案数字化存储的著作权问题》,《湖北档案》2011 年第 2 期。

[89] 柳萍:《数字化校园环境下学籍档案管理方法与技术研究》,《档案与建设》2011 年第 2 期。

[90] 张雅琴:《试谈高校档案数字化》,《兰台内外》2011 年第 1 期。

[91] 郭秋景:《浅谈我国档案数字化建设的推进》,《黑龙江科技信息》2011 年第 5 期。

[92] 卞咸杰:《档案数字化建设中应遵循的原则》,《档案时空》2006 年第 12 期。

[93] 金向阳:《实现档案数字化建设需要注意的问题》,《兰台世界》2005 年第 4 期。

[94] 华林:《论少数民族历史档案管理工作中应解决的几个重要问题》,《档案学通讯》2008 年第 4 期。

二 专著

[1] 冯惠玲、张辑哲:《档案学概论》,中国人民大学出版社,2001。

[2] 冯惠玲:《电子文件管理教程》,中国人民大学出版社,2001。

[3] 刘家真：《电子文件管理理论与实践》，科学出版社，2003。

[4] 董永昌、何嘉荪：《电子文件与档案管理》，百家出版社，2001。

[5] 汪玉凯、赵国俊：《电子政务基础》，北京中软电子出版社，2002。

[6] 国家经济贸易委员会办公厅电子政务课题组：《电子政务实用读本》，中共中央党校出版社，2002。

[7] 杨利华：《档案法学》，中国档案出版社，1999。

[8] 何振：《档案馆学新探》，中国档案出版社，2003。

[9] 肖文建、杨利华、何振：《现代档案学理论与应用》，中国档案出版社，2002。

[10] 杨公之：《档案信息化建设实务》，中国档案出版社，2003。

[11] 周毅：《信息资源宏观配置管理研究》，中国档案出版社，2002。

[12] 傅荣校：《档案管理现代化——档案管理中技术革命进程的动态审视》，浙江大学出版社，2002。

[13] 深圳市档案馆：《数字档案馆概论》，中国档案出版社，2003。

[14] 张照余：《档案信息网络化建设研究》，中国档案出版社，2001。

[15] 匀陈庄、刘加伶、成卫：《信息资源组织与管理》，清华大学出版社，2005。

[16] 相丽玲：《信息管理学》，中国金融出版社，2003。

[17] 张帆：《信息组织学》，科学出版社，2005。

[18] 李培清：《档案馆学》，中国档案出版社，1988。

[19]〔美〕戴维·比尔曼:《电子证据——当代机构文件管理战略》,王健译,中国人民大学出版社,2000。

[20] 杨公之:《档案信息化建设导论》,中国档案出版社,2001。

[21] 海斌:《电子文件管理基础》,中国档案出版社,2002。

[22] 李国庆:《数字档案馆概论》,中国档案出版社,2003。

[23] 程焕文、潘燕桃:《信息资源共享》,高等教育出版社,2003。

[24] 乌家培、谢康、王明明:《信息经济学》,高等教育出版社,2003。

[25] 赵屹:《档案信息网络化建设》,北京图书馆出版社,2003。

[26] 肖珑:《数字信息资源的检索与利用》,北京大学出版社,2003。

三　其他

[1] 邹勇峰:《科学发展观指导下的我国网络信息资源建设研究》,成都理工大学硕士研究生学位论文,2007。

[2] 李铭:《数字档案馆建设中的档案信息资源组织研究》,浙江大学硕士研究生学位论文,2007。

[3] 戴洪霞:《数字图书馆信息资源建设研究》,东北师范大学硕士研究生学位论文,2002。

[4] 辛青清:《档案信息化系统的资源组织与管理研究》,武汉理工大学硕士研究生学位论文,2007。

[5] 傅文奇:《全文数据库信息资源建设中的版权问题研究》,

福建师范大学硕士研究生学位论文，2007。

［6］向立文：《档案数字化建设中若干问题的研究》，湘潭大学硕士研究生学位论文，2004。

［7］吕元智：《数字档案馆信息资源建设管理研究》，武汉大学硕士研究生学位论文，2004。

［8］康芳芳：《档案信息化建设现状与发展对策研究——以江苏为例》，苏州大学硕士研究生学位论文，2007。

［9］中国首届档案学博士论坛文集组委会：《21世纪的社会记忆——中国首届档案学博士论坛文集》，中国人民大学出版社，2001。

［10］《中共中央办公厅国务院办公厅关于加强信息资源开发利用工作的若干意见》中办〔2004〕34号文件。

［11］《国家档案局中央档案馆关于加强信息资源开发利用工作的意见》国档发〔2005〕1号文件。

后　记

　　《云南少数民族历史档案数字化建设》原是我 2012 年写成的博士论文，完成博士论文答辩已一年有余，看着即将出版的书稿，甚感欣慰。虽在论文的写作中已竭尽能智，欲较全面地研究云南少数民族历史档案数字化建设的理论和实践问题，但受学识所限，仍有粗疏之处。

　　首先，衷心感谢我的导师华林教授，在攻读博士学位三年多的学习时间里，我能够时刻感受到他细致的关怀和督促，从学习、工作、生活到为人处世，他都是我学习的榜样。他严谨治学、严于律己、宽以待人的作风给我留下了深刻的印象。特别是在毕业论文写作阶段，在选题、论文提纲、研究内容、研究方法、研究任务、研究目标、写作方法、论文修改、参考文献著录等方面，他都给予了精心的指导。他的谆谆教导令我受益匪浅，他的帮助使我终生难忘。

　　感谢每一位任课的老师——公共管理学院的郑文教授、杨勇教授、陈子丹教授、罗茂斌教授、周铭副教授、吕榜珍副教授等众多前辈和老师的指导和鼓励,是他们使我三年的学习颇有收获,希望能在今后的学习和工作中把他们所传授的知识更好地应用。

感谢各位同学,特别是我的同窗仝艳锋、脱凌同学,这三年多紧张而充满友爱的学习时光,会是最美好的记忆。我能顺利地完成学业,还得益于我家人的全力支持,在这三年多的时间里与我一起分担痛苦、忧愁与成功的喜悦,为我营造了舒适、宁静的学习环境。

在本书付梓之际,我也真诚地感谢图书馆的领导和同事,正是在他们的大力支持下我才能顺利完成博士研究生学习和毕业论文撰写工作。

最后,感谢每一位对我的论文进行评阅和参加答辩的专家,感谢他们的指导和批评。

本书是在诸多专家、学者研究成果的基础上完成的,在参考文献中已列出了他们的著述,在此谨向他们致以诚挚的谢意。

赵德美

2014 年 3 月

图书在版编目(CIP)数据

云南少数民族历史档案数字化建设/赵德美著.—北京：社会科学文献出版社，2014.5
（云南财经大学前沿研究丛书）
ISBN 978-7-5097-5040-7

Ⅰ.①云… Ⅱ.①赵… Ⅲ.①少数民族-历史档案-档案工作-数字化-研究-云南省 Ⅳ.①G275.1-39

中国版本图书馆 CIP 数据核字（2013）第 214085 号

·云南财经大学前沿研究丛书·
云南少数民族历史档案数字化建设

著　　者 / 赵德美

出 版 人 / 谢寿光
出 版 者 / 社会科学文献出版社
地　　址 / 北京市西城区北三环中路甲29号院3号楼华龙大厦
邮政编码 / 100029

责任部门 / 经济与管理出版中心 (010) 59367226	责任编辑 / 王莉莉　杨丽霞
电子信箱 / caijingbu@ssap.cn	责任校对 / 张立生
项目统筹 / 恽　薇　蔡莎莎	责任印制 / 岳　阳
经　　销 / 社会科学文献出版社市场营销中心 (010) 59367081　59367089	
读者服务 / 读者服务中心 (010) 59367028	

印　　装 / 三河市东方印刷有限公司	
开　　本 / 787mm×1092mm 1/16	印　张 / 12.5
版　　次 / 2014年5月第1版	字　数 / 150千字
印　　次 / 2014年5月第1次印刷	
书　　号 / ISBN 978-7-5097-5040-7	
定　　价 / 49.00元	

本书如有破损、缺页、装订错误，请与本社读者服务中心联系更换
▲ 版权所有 翻印必究